KB192606

나의불교미술이야기

So, What Do You Know About Korean Buddhist Art?

寫給大家的韓國佛教美術

나의
불교미술
이야기

배재호 지음

종이와
나무

차례 ····················

붓다를 찾아 떠난
여행

이른 아침 안개 낀 가야산伽倻山 자락 속으로 걸음을 내딛다 보면, 어느샌가 속세를 떠난 듯한 고적한 느낌이 들곤 한다. 구름 속을 거닐 듯 몽롱한 기분에 들어선 해인사海印寺 법보전法寶殿[01]의 주련柱聯에는 이런 글이 적혀 있다.

해인사 법보전 주련

---

[01] 해인사 법보전은 앞쪽의 수다라전修多羅殿과 함께 팔만대장경판八萬大藏經板을 보관하기 위해 조성되었다.

해인사 수다라장과 법보장

해인사 수다라장
수다라는 경전을 뜻하는 수트라를 음차한 한자다.
수다라장은 조선시대 1622년에 재건되었다.

바른 깨달음을 이루는 도량[02]은 어디인가
지금 나고 죽음이 있는 바로 이 자리

원각도량하처 圓覺道場何處
현금생사즉시 現今生死卽是

　마치 화두話頭와 같이 우리를 불심佛心의 세계로 인도하는 주련은 대
개 붓다의 공덕을 기리는 경전의 게송偈頌(諷頌, gāthā)을 가져다 쓴다. 이런
주련의 내용 중에는 강江이 등장하기도 하는데, 가장 많이 보이는 이름이
항하恒河, 즉 인도의 갠지스Ganges강이다. 불교에서 아주 큰 수數를 뜻하는
항하사恒河沙는 갠지스 강변의 모래알이다. 그런데 왜 우리나라의 주련에
갠지스강이 등장할까? 우리나라에는 이름난 강이 그토록 없단 말인가?
하고 많은 강 중에 인도의 갠지스강이 단골로 등장하는 이유는 지금부터
2500년 전 석가모니 붓다가 가르침을 펼쳤던 곳이 바로 이 강 주변이었기

02 　『유마힐소설경維摩詰所說經』에서는 도량이 석가모니 붓다께서 깨달음을 이룰 때 앉았던 보리좌菩提座(금강
좌金剛座)로 기록되어 있다. 지금은 절을 도량이라 한다.

갠지스강

붓다 성지
룸비니 – 탄생
보드가야 – 깨달음
바라나시(사르나트) – 초전법륜
쉬라바스티 – 사위성신변
상카시야 – 도리천 설법 후 하강
라자그리하 – 취상조복
바이샬리 – 원후봉밀
쿠시나가라 – 열반

수메르산(수미산)

상카시야
쉬라바스티
카필라바스투
룸비니
아유타강
쿠시나가라
바이샬리
파탈리푸트라
코삼비
바라나시
라자그리하
보드가야

갠지스강 주변의 붓다 성지

때문이다.

붓다의 흔적은 주련만이 아니라 우리나라 산 곳곳에도 남아 있다. 해
인사가 있는 가야산伽倻山과 통도사通度寺가 있는 영취산靈鷲山은 마다가
Magadha국 라자그리하Rājagriha(현 라즈기리)의 가야쉬르샤Gayaśīrṣa(가야산, 상두
산象頭山)와 가르바그리하Garbhagrha(영취산)에서, 강원도 양양 낙산사洛山寺의
낙산은 인도의 보타락가Potalaka산에서 가져온 것이다. 이렇게 우리 땅 곳

곳에는 석가모니 붓다를 느낄 수 있는 산들이 즐비하다.

한마디로 우리나라 고대 문화의 중심에는 불교가 있다고 할 수 있다. 서양의 문화와 미술을 이해하기 위해서 기독교를 알아야 한다면, 우리나라 문화를 배우기 위해 불교와 그 문화를 알아야 하는 이유가 여기에 있다.

인도에서 시작된 불교는 대승大乘불교 문화권인 중국, 우리나라, 일본으로 오기까지 중앙아시아의 험준한 산을 넘고 강을 건너며 끝이 보이지 않는 사막을 지나는 여정을 거쳤다. 상좌上座불교 문화권을 이루고 있는 동남아시아에는 바닷길과 해안길을 통해 불교가 전해졌다. 한 때 소승小乘이라고 폄하된 상좌불교가 대승불교와 어떠한 차이가 있는지 알아보기 위해 잠시 소승이라는 용어를 차용해서 설명해 보면 이렇다.

고대 그리스에서는 사람이 죽으면 죽음의 강을 배를 타고 건너간다고 생각하였다. 해서 뱃삯으로 필요한 동전을 죽은 사람의 눈에 올려놓았다고 한다. 불교에서도 이 세상에서 생을 마감하고 다른 세상으로 갈 때, 강을 건넌다. 생사 윤회로 고통을 받는 이 세상에서 그러한 고통이 없는 청정한 열반의 저 세상으로 건너가는 것이다. 좀 더 불교적으로 이야기하자면, 깨닫지 못한 범부凡夫와 중생衆生(모든 생명체)의 상태에서 깨달음을 이룬 보살과 붓다의 경지에 이르는 것이다. 인도 사람들도 이쪽 언덕(차안此岸)에서 저쪽 언덕(피안彼岸)으로 강을 건널 때 배를 타고 간다고 생각하였다. 그 강에는 여러 사람이 탈 수 있는 큰 배와 한 사람만이 탈 수 있는 작은 배가 있다. 배는 수레바퀴(승乘)로 움직이는데, 큰 배에는 큰 수레바퀴-대승-가, 작은 배에는 작은 수레바퀴-소승-가 달려 있다.

대승불교 문화권에서는 한 사람이 가진 불교와의 인연으로 그 주위의 사람들이 구원을 받아 큰 배에 함께 타고 저 세상으로 간다고 믿었다. 반면 상좌(소승)불교 문화권에서는 한 사람만이 탈 수 있는 작은 배만 인

뚝섬출토 금동불좌상
삼국시대 5세기 전반, 높이 4.9cm, 국립중앙박물관

후조 338년명 금동불좌상
39.4cm, 샌프란시스코아시아미술관

정하기 때문에 태국에서는 남자들이 모두 일정기간 출가하는 의식을 통하여 개인적인 구원을 보장받고자 하였다. 이와 같이 대승불교는 보편적인 구제를, 상좌불교는 개인적인 구제를 강조한다.

우리나라에 전해진 불교는 대승불교다. 따라서 석가모니 불상만 예불하는 동남아시아 불교 국가와 달리 보편적인 구제에 걸맞은 다양한 불상이 만들어졌다. 극락정토極樂淨土에 태어나기 위해 아미타불상阿彌陀佛像이, 도솔천兜率天에 올라가기 위해 미륵보살상彌勒菩薩像이, 병 치료를 위해 약사불상藥師佛像이, 지옥에 떨어질까 염려되어 지장보살상地藏菩薩像이 조성되었다.

그런데 우리 땅에 석가모니 붓다가 오신 것은 언제일까? 중국 전진前秦의 왕 부견符堅(357~385재위)이 순도順道를 통하여 불경佛經을 보내 왔던 고구려高句麗의 372년(소수림왕小獸林王 2), 그러니까 지금부터 벌써 1600여 년 전의 일이다. 그로부터 12년 뒤인 384년(침류왕枕流王 원년)에 동진東晉에서 온 마라난타摩羅難陀에 의해 백제百濟에 불교가 전해졌다. 그 당시 불상은 어떤 모습이었을까?

　서울 한강의 뚝섬에서 출토된 금동불좌상이 이 땅에 처음 들어온 불상의 모습과 가장 많이 닮았을 것이다. 몸에 비해 큰 머리와 손, 두 손을 모아 배꼽을 덮은 중국식의 선정인禪定印, 대좌 정면 양쪽의 사자 모습은 고구려와 백제에 불교를 전해준 중국의 4세기 불상과 많이 닮았기 때문이다. 그렇다보니 이 불상에 대해서는 우리나라에서 제작된 것인지 중국에서 전래된 것인지에 관한 논란이 여전히 남아 있다.

　이차돈異次頓(염촉厭髑, 거차돈居次頓, 501~527)의 목에 솟은 하얀 피 이야기처럼, 불교가 우리나라에 들어올 때 환영만 받았던 것은 아니다. 인간사가 그렇듯 새로운 것이 낯선 곳에서 자리 잡기 위해서는 우여곡절이 있기 마련이다. 우리 전통 문화의 근간을 이루고 있는 불교도 마찬가지다. 마가다국의 가야산과 영취산을 머나먼 이 땅에 옮겨 놓은 듯 우리나라 산에 그 이름을 붙이고, 인도인이 아닌 우리나라 사람의 모습으로 석가모니 붓다를 재현한 것도 외래 종교인 불교가 이 땅에 적응해 가는 과정에서 생긴 일이라고 해야 할 것이다. 그래서 붓다를 둘러싼 일들은 역사적이든 설화적이든 간에 배경만 바꾼 채 마치 우리 땅에서 일어난 사건처럼 표현되곤 하였다.

이차돈 순교비
통일신라시대 818년, 106cm, 국립경주박물관
이차돈의 순교 장면이 새겨져 있다.

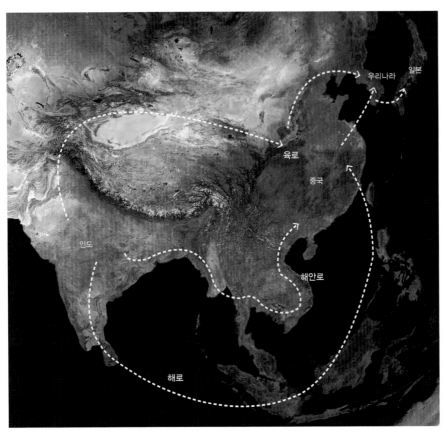

불교전파루트

석가모니
붓다의 일생

기독교 성당에는 으레 14장면이나 15장면으로 예수의 마지막 날을 기리기 위한 십자가의 길이 표현되어 있다. 이는 사람들의 원죄를 다 짊어지고 십자가에 못 박혀 죽는 예수의 마지막 여정을 통하여 교인들로 하여금 종교적 공감대를 갖게 하기 위함이다. 불교에서도 비슷한 목적에서 석가모니 붓다의 삶 속에서 여덟 가지 중요한 사건을 중심으로 표현한 팔상도가 있다. 우리나라 팔상도라고 하면 충청북도 보은의 법주사法住

삼척 성내동 성당 십자가의 길
근년에 만든 것으로 성당 내부 양쪽 벽면에 걸려 있다. 예수가 잡혀서 사형 선고를 받고 골고타 언덕에서 십자가에 못 박혀 죽음에 이르기까지 있었던 14가지 장면을 묘사한 것이다. 때로는 다시 부활하여 승천하는 모습까지 포함한 15가지 장면으로 표현되기도 한다. 성내동 성당 십자가의 길은 14장면을 부조 형식으로 표현한 것이다. 붓다의 임종과 그 의미를 서술한 『열반경』과 유교의 시종기始終記와 일맥 상통하는 내용으로 볼 수 있다. 근대문화유산 문화재 제141호인 성내동 성당의 건축은 1957년에 이루어졌다.

법주사 팔상전과 내부
조선시대 1626년 중건, 높이 65m

寺 팔상전捌相殿[01]이 가장 먼저 떠오른다. 팔상전은 외관 상 5층이지만 내부
는 한통으로 되어 있는 단층 건물이다. 재미있는 것은 팔상전이 가람伽藍
중앙에 놓여 있다는 점인데, 전각이지만 그 성격은 탑이기 때문이다.

　　내부로 들어서면, 전각의 이름이 말해주듯이 석가모니 붓다의 일생
과 관련된 여덟 폭의 불화가 동남서북 네 면에 각각 두 폭씩 걸려 있다. 붓
다의 일생을 파노라마식으로 펼쳐 놓은 것이다. 고대 인도에서 사리舍利
(Sarīra)를 봉안하던 산치Sāñcī탑과 바르후트Bhārhut탑의 난간석에 석가모니

01　1968년 해체 수리 때, 심초석心礎石에서 사리기와 팔상전 조성 배경이 기록된 동판의 탑지명塔誌銘이 나
　　왔다. 3층까지 한 통으로 트인 팔상전에는 가운데 네 기둥 사이를 막아 벽을 만든 다음, 한 면에 두 폭씩 팔
　　상도를 걸었다. 팔상전은 위쪽으로 올라갈수록 화려한 구조의 건축적인 특징을 가지고 있다. 1층은 주심포
　　식柱心包式 외外1출목出目이며, 2층, 3층, 4층은 주심포식 외2출목, 꼭대기의 5층은 다포식多包式 외3출목이다.

인도 불전도, 산치 대탑
서기전 3세기, 높이 16.5m, 직경 39m

인도 팔상장면
굽타시대 5세기말, 높이 95cm,
사르나트 출토, 사르나트고고박물관

붓다의 일생을 부조로 새긴 불전도佛傳圖의 전통을 그대로 따른 것으로 볼수 있다. 인도에서는 붓다의 일생 중 중요한 네 가지나 여덟 가지 사건을 사람들이 알기 쉽게 탑에 새기거나 석굴 벽면에 그리는 것이 흔한 일이었다.[02] 이는 조각과 그림을 통해 사람들에게 석가모니 붓다의 이야기를 조금이라도 쉽게 설명하기 위함이다.

02 네 가지와 여덟 가지 사건을 표현한 것을 사상四相과 팔상八相이라고 한다. "모습"을 뜻하는 상相(삼즈냐 saṃjñā)은 조각과 회화를 망라하는 조형 언어다. 팔상도는 『불본행집경佛本行集經』과 『불소행찬佛所行讚』의 내용에 근거하지만, 우리나라 조선시대에는 『월인석보月印釋譜』(초간본 1459년)와 『석씨원류응화사적釋氏源流應化事蹟』(1637)의 영향을 받아 그려졌다. 『월인석보』는 『월인천강지곡月印千江之曲』과 『석보상절釋譜詳節』의 내용을 조합하여 만든 책이다. 조선시대 세종때 수양대군首陽大君이 모친 소헌왕후昭憲王后가 죽자 어머니의 명복을 빌고자 1447년 불경에서 석가모니 붓다의 일대기를 추려 한글로 『석보상절』을 간행하였는데, 이 책 서문에서는 한글로 도솔래의, 비람강생, 사문유관, 유성출가, 설산수도, 수하항마, 녹원전법, 쌍림열반을 팔상이라고 하였다. 팔상도는 주로 팔상전八相殿과 영산전靈山殿에 봉안된다. 한편 『근본설일체유부비나야잡사根本說一切有部毘奈耶雜事』에는 석가모니 붓다의 열반 후 가섭존자가 묘당전妙堂殿에 도솔하천兜率下天, 탁생託生, 강탄降誕, 항마降魔, 출가出家, 성도成道, 초전법륜初轉法輪, 대신변大神變, 삼십삼천위모설법三十三天爲母說法, 보계삼도寶階三道, 쌍수열반雙樹涅槃 등 붓다의 일대기를 그리게 했다는 기록이 있다.

인도에서 팔상도八相圖는 룸비니Lumbinī 동산03에서 붓다가 탄생한 비람강생毘藍降生, 보드가야Bodhigayā(불타가야佛陀伽倻)에서 마귀를 항복시키고 깨달음을 이룬 항마성도降魔成道, 사르나트Sārnāth에서 처음으로 설법한 초전법륜初轉法輪, 쉬라바스티Śrāvasti(사위성舍衛城)에서 기적을 일으킨 사위성대신변舍衛城大神變, 어머니 마야Mahamaya(摩耶)부인 04을 위하여 도리천忉利天(Trāyastriṃśa) 05에 올라가 설법하고 샹카시아Śāṅkāśya로 돌아온 종도리천강하從忉利天降下, 마가다국Māgadha 라자그리하(왕사성王舍城)에서 술 취해 난동 부리는 코끼리를 항복시킨 취상조복醉象調伏, 바이살리Vaisali 06에서 원숭이가 바친 꿀을 먹는 원후봉밀猿猴奉蜜, 쿠시나가라Kusinagara의 사라쌍수沙羅雙樹 아래에서 열반涅槃에 든 쌍림열반雙林涅槃을 꼽는다.

맥적산석굴 133굴 10호감 불비상
북위 6세기, 높이 156cm, 폭 76cm
불비상 좌우에 불전의 장면이 새겨져 있다.

03 룸비니Lumbini는 "비람毘藍"과 "람비니藍毘尼"로 음차되었으며, "염鹽", "가애可愛" 등으로 번역된다. 지금의 네팔 남부 티라우라 코트Tilaura Kot가 이곳이다.
04 마야부인의 마야는 "허깨비" 혹은 "환상"이라는 뜻이다. 신라 진평왕眞平王의 비이자 선덕여왕의 어머니도 마야부인으로, 신라 왕실에까지 불교의 영향이 깊이 미치고 있음을 엿볼 수 있다.
05 도리천은 33천을 뜻하는 트라야스트림샤의 앞부분만 음차한 것이다.
06 바이살리(벳사리)는 상업이 가장 발달했던 도시이자 초기 불교교단의 가장 중요한 무대였다.

하지만 우리나라에서는 조금 다르다. 우리나라에서는 취상조복, 사위성대신변, 종도리천강하, 원후봉밀 대신, 도솔천兜率天(Tuṣita)[07]에서 인간 세상으로 내려온 도솔래의兜率來儀, 성문 밖에서 늙은 자, 병든 자, 죽은 자, 사문沙門[08]을 본 후 출가할 결심을 굳힌 사문유관四門遊觀, 성벽을 넘어 출가한 유성출가踰城出家, 설산에서 수행한 설산수도雪山修道가 팔상의 장면에 포함된다.

인도의 팔상도가 우리나라와 다른 이유는 이렇다. 석가모니 붓다가 활동하던 인도에는 붓다 뿐만아니라 다른 종교의 수행자들도 많았다. 때문에, 다른 수행자들보다 붓다만의 탁월한 능력을 사람들에게 보여줘야만 했다.[09] 그러다보니 붓다와 관련된 전설적인 이야기도 필요했을 것이다. 그러나 우리나라에서는 상황이 달랐다. 붓다의 탁월한 능력보다는 신비한 탄생 이야기와 출가를 결심하기까지의 고민, 힘들었던 수행 과정 등 출가 수행자, 즉 승려들에게 귀감이 될 만한 내용이 강조되었다.

물론 중국에도 팔상도가 있다. 내용 구성이 유사하여 우리나라 팔상도가 중국의 영향을 받은 것은 분명하다. 다만 차이는 중국 팔상도엔 중국 사람이, 우리나라 팔상도에는 우리나라 사람이 그려졌다는 점이다. 그럼 팔상도를 통하여 석가모니 붓다가 어떤 삶을 살았는지 하나씩 들여다 보자.

---

07 투시타는 "모든 것이 만족된 하늘"이라는 뜻으로, "만족천滿足天"과 "지족천知足天"으로 번역된다.

08 "부지런히 노력하는 자"라는 뜻의 사문沙門(śramaṇa)은 인도 정통파 수행자인 바라문婆羅門(브라흐마나 brāhmaṇa)에 대하여 비정통파의 여러 종교 수행자를 통칭한다. 비구比丘(bhikṣu)는 불교의 수행자만을 지칭하는데, "걸식(탁발)하는 자"라는 뜻이다. 상좌불교에서는 출가비구(성문과 연각를), 대승불교에서는 출가보살(비구)를 말한다. 상좌上座(sthavira)와 장노長老는 교단 내에서 수행을 쌓아 지도적인 위치에 있는 승려를, 화상和尙(upādhyāya)은 제자를 둘 자격이 있는 승려를, 아사리阿闍利(ācārya, 궤범사軌範師)는 교단에서 제자를 받아들일 때 스승이 되는 승려를 말한다.

09 당시 인도에는 16대국과 500여개의 도시국가가 난립하였는데, 이러한 혼란 속에서 여러 종교사상가가 출현하였다. 브라흐만교의 전통적인 권위에 도전하는 육사외도六師外道와 육십이견六十二見 등은 대표적인 예다. 이들은 태어나기 전부터 사람은 이미 운명이 정해져 있다는 숙명론宿命論을 펼쳤다. 그러나 붓다는 자신의 운명은 정해진 것이 아니라 팔정도의 실천을 통하여 스스로 개척할 수 있다고 주장하였다. 브라흐만교의 카스트 제도를 부정한 불교에서는 모든 사람은 교단에 들어오는 순간부터 평등하게 대우를 받았으며, 서로 "선우善友"라고 불렸다.

인도와 우리나라, 중국의 팔상 장면

인도		우리나라, 중국
	도솔래의	제1상
제1상	비람강생	제2상
	사문유관	제3상
	유성출가	제4상
	설산수도	제5상
제2상	항마성도	제6상
제3상	초전법륜	제7상
제4상	사위성신변	
제5상	종도리천강하	
제6상	취상조복	
제7상	원후봉밀	
제8상	쌍림열반	제8상

인도 불교

인도 불교는 힌두교, 자이나교, 서양 고대 사상의 영향 속에서 성립되었다. 인도 불교는 초기불교시대, 부파불교시대, 대승불교시대, 밀교시대로 구분된다. 초기불교는 석가모니 붓다가 인간 세상에 있을 때 직접 가르쳤거나 열반 후 100년 동안 붓다께서 가르쳤던 진리를 성문들이 실천하는 불교이며, 부파불교는 붓다의 열반 후 100년이 지나면 석가모니 붓다로부터 직접 가르침을 받았던 제자들은 모두 죽고 지역마다 사람마다 이해의 정도에 따라 가르침에 대한 해석이 달랐던 시대의 불교다. 즉 특정한 성자 중심으로 율법과 교의를 이해하던 불교다. 석가모니 붓다께서 살아 계실 때엔 출가자(승가僧伽)와 재가불교도가 역할 분담을 했는데, 부파불교시대가 되면 출가자 중심의 불교로 그 성격이 바뀐다. 대승불교Mahāyāna는 붓다의 가르침만 듣고 사성제와 팔정도를 강조하는 성문승聲聞乘Śravaka의 초기불교와 붓다의 가르침을 직접 듣지는 못했지만 스스로 공부하여 십이연기를 터득한 독각승獨覺乘(연각승緣覺乘)Pratyekabuddha의 부파불교를 비판하고 자신의 깨달음(자리自利)은 물론 중생들의 깨달음을 돕는 이타利他를 위해 육바라밀을 실천하는 보살승菩薩乘bodhisattvayāna을 강조한다. 대승불교가 발전하면서 이들 삼승—성문승, 독각승, 보살승—은 붓다가 중생을 제도하기 위한 하나의 방편에 불과하다는 것을 인식하고 이 세상에 나타난 형상이나 언어를 넘어선 지혜를 얻는 경지인 일승一乘Ekayāna사상이 나타나기에 이른다.

삼승			일승
성문(초기불교)	연각 · 독각(부파불교)	보살	불
소승		대승	

탄생,
도솔천으로부터 인간 세상으로

●

마야부인의 몸을 통하여

서기전 565년 4월 8일, 룸비니 꽃동산에서 한 아이가 태어났다. 이 아이는 카필라바스투Kapilavastu국(迦毘羅衛國, 妙德城)[01]의 숫도다나Śuddhodana왕(首圖馱那, 淨飯王)[02]과 마야부인(摩訶摩耶, 大幻化)의 아들이다. 전하는 이야기에 의하면, 이 부부는 철저한 금욕주의자여서 부부관계를 하지 않았다고 한다. 어느 날 밤, 마야부인은 신비한 꿈을 꾼다. 여섯 개의 상아를 지닌 코끼리 한 마리가 몸속으로 들어오는 꿈이었다. 다름 아닌 석가모니 붓다Śākyāmuni Buddha[03]의 탄생과 관련된 태몽이다.

경전에 따르면, 석가모니 붓다는 여러 번의 전생轉生 과정에서 착한 일을 한 덕에 도솔천兜率天에 호명護明보살로 태어났다고 한다.[04] 상당한 세

---

01 카필라바스투국은 코살라국에 속해 있던 도시국가였다. 후에 코살라국에 의해 멸망한다.

02 숫도다나왕을 정반淨飯으로, 그의 동생을 백반白飯으로 번역한 것은 카필라바스투국이 있던 비하르Bihar 주가 과거 쌀농사와 깊은 관련이 있기 때문이다. 당시 비하르주는 경제적으로 부유한 지역이었으나 지금은 인도에서 가장 빈곤한 곳으로 인식된다. 정반은 제사를 드릴 때 바치던 깨끗한 밥을 뜻한다.

03 석가모니釋迦牟尼(Śākyamuni)의 석가는 샤카Saka족을, 모니는 현명한 분을 뜻한다. 카필라바스투국을 이루고 있는 종족은 샤카족이다. 석가모니는 산스크리트어 샤카무니의 중국식 음차다. 중국에서는 석가를 "능能"으로, 모니를 "인仁", "유문儒文", "적묵寂默", "인忍"으로 번역하며, 우리나라에서는 석가모니 붓다를 능인能仁이라고 한다. "능인"의 명칭은 통일신라시대 719년에 조성된 감산사甘山寺 석조미륵보살입상의 광배 명문에서 처음 보인다. 한편 붓다의 탄생에 대해서는 여러 설이 있으나 두 가지 설(서기전 563년~483년 혹은 서기전 565년~486년)이 가장 많이 통용된다.

월이 지난 후, 이미 예정된 운명대로 붓다는 인간 세상에 태어난다. 즉 도솔천 내원內院에서 여러 천신들과 논의한 후 마야부인을 어머니로 삼아 카필라바스투국의 왕자 신분으로 태어난 것이다. 마침내 붓다는 흰 코끼리를 타고 도솔천을 출발하여 인간 세상으로 내려온다. 붓다는 마야부인의 오른쪽 겨드랑이를 통하여 몸속으로 들어 온다. 이 아이가 훗날 석가모니 붓다가 될 고타마 싯다르타Gautama Siddhārtha(喬答摩(瞿曇) 悉達多)다.

법주사 팔상전 외에도 팔상도가 있는 절은 많지만, 그 가운데 경상북도 예천의 소백산 자락에 위치한 용문사龍門寺의 팔상도를 보면서 석가모니 붓다의 일생이 우리나라에서 어떻게 각색되었는지 알아보자. 용문사의 팔상도는 조선시대 1709년(숙종肅宗35)에 그려진 것으로, 지금까지 온전히 남아 있는 우리나라 팔상도 중에서는 가장 오래된 그림이다. 비단 바탕에 은은하게 채색된 각 장면마다 제목이 쓰여 있어서 어떤 내용인지 쉽게 알 수 있다.

---

04 석가모니 붓다의 전생 이야기, 즉 본생담本生譚(jātaka)은 팔리어본本에 547가지나 기록되어 있다. 이 이야기는 모두 붓다가 실천했던 선행들로 꾸며져 있다.

예천 용문사龍門寺 팔상도 도솔래의상
조선시대 1709년, 비단에 채색, 세로 224cm, 가로180cm

송광사 팔상도 도솔래의상
조선시대 1725년, 비단에 채색, 세로 124.5cm, 가로 119cm, 송광사 성보박물관
용문사 팔상도가 『월인석보』의 도상과 관련된다면, 이 팔상도는 『석씨원류응화사적』
(직지사 성보박물관)의 도상을 따른 것이다.

    이 중에서 첫 번째 이야기를 표현한 것이 도솔천에서 인간 세상으로 내려 온 도솔래의상兜率來儀相이다. 그림 윗부분에 여섯 개의 상아가 달린 흰 코끼리를 타고 있는 호명護明보살이 구름을 밟고 서 있는 천인들에게 둘러 싸여 내려오고 있다. "하얗고 반짝거리는 신"이란 뜻의 호명보살(스베타케투Svetaktu)은 도솔천에 있을 때의 고타마 싯다르타 태자의 이름이다.[05] 그런데 이 그림에서는 어린아이가 아니라 중년 여성의 모습이다. 이들을 감싸고 있는 상서로운 기운이 왼쪽 아래의 전각 속에 앉아 있는 마야부인으로 모여들고 있다. 붓다를 잉태하는 순간이다.

[05]   호명보살은 『월인석보月印釋譜』에도 기록되어 있고, 용문사 팔상도의 도상적 근거가 『월인석보』로 추정되어 팔상도의 보살도 호명보살로 보는 것이 타당하다.

석가모니 붓다의 일대기가 담긴 다양한 판화

월인석보(①~④), 석보상절(⑤~⑧) 팔상도

월인석보와 석보상절의 팔상도는 같기 때문에 구분하기가 힘들다.

① 도솔래의상

② 비람강생상

③ 사문유관상

④ 유성출가상

⑤ 설산수도상

⑥ 수하항마상

⑦ 녹원전법상

⑧ 쌍림열반상

석씨원류응화사적 팔상도(위: 선운사판, 아래: 불암사판)

수하탄생   마야탁몽

노도사시   도견병와

수하탄생

마중예병

드디어 인간 세상에

산달이 되자 친정인 천비성天臂城(Devadaha)으로 돌아가던 마야부인
일행은 천비성의 별궁이 있던 룸비니 동산을 지나게 된다.[01] 이름
모를 꽃들이 흐드러지게 피어있는 룸비니 동산은 너무도 아름답고 평화
로웠다. 이런 아름다움에 취해 마야부인의 발길이 쉬이 떨어지지 않아, 일
행은 잠시 그곳에서 쉬어가기로 한다. 잠시 후, 주위를 둘러보던 부인의
눈길이 머문 곳은 활짝 피어있던 무우수無憂樹(Asoca, Ashoka) 꽃이었다.[02] 그
꽃을 만지려고 나뭇가지를 잡는 순간, 부인은 갑자기 산기를 느끼고 그
자리에서 아기를 낳는다. 비람강생상毘藍降生相이다. 비람은 거꾸로 읽었을
때 람비가 되는데, 즉 룸비니동산을 말한다.

용문사 팔상도에는 탄생 전후에 일어났던 일련의 사건들이 그려져
있다. 표현 기법으로 말하자면, 한 화면 속에 다른 시제時題의 사건을 함께
표현한 이시동도법異時同圖法이 스토리의 이해를 돕기 위해 구사되어 있다.
그림의 오른쪽 가운데에 오른손으로 나뭇가지를 잡고 있는 귀부인이 마
야부인이다. 오른쪽 겨드랑이로부터 고타마 싯다르타 태자가 막 태어나
고 있다.

그런데 붓다는 하필 다른 곳도 아니고 부인의 오른쪽 겨드랑이를 통

---

01 천비성의 성주이자 마야부인의 아버지는 수보리須菩提(Subhuti)다.

02 고타마 싯다르타 태자가 태어날 때 룸비니 동산에 있던 보리수로, 마야부인이 걱정없이 싯다르타 태자
를 출산하게 도와 주어서 무우수라고 불렸다. "근심이 없다"는 뜻의 무우수는 과거칠불 중 비바시불이 그
아래에 앉아서 깨달음을 이루었던 신성한 나무이기도 하다.

붓다의 탄생
쿠산시대 2세기, 파키스탄 스와트 출토, 비하르주 박물관
중앙에 오른손으로 무우수 나뭇가지를 잡고 있는 마야부인과 부인의 오른쪽 겨드랑이에서 막 태어나는 싯다르타 태자,
그 아래에 이미 서 있는 태자의 모습이 보인다.

하여 들어와서 또 그곳을 통하여 태어났을까? 당시 인도에는 사람을 사
제司祭인 브라흐만brāhman(바라문婆羅門), 귀족인 크샤트리아Kṣatriya(찰제리刹帝
利), 평민인 바이샤Vaiśya(폐사吠舍), 노예인 수드라śūdra(수타라首陀羅) 계층으
로 구분하는 카스트Caste(Varna, 사성四姓) 제도가 있었다.[03] 그런데 사람들의
출생 방식도 계급만큼이나 달라서, 브라흐만은 정수리에서, 크샤트리아는
오른쪽 겨드랑이에서, 바이샤는 배꼽에서, 수드라는 발바닥에서 태어난다
고 믿었다. 고타마 싯다르타는 아버지가 국왕이기 때문에 크샤트리아 계
급이었고, 따라서 오른쪽 겨드랑이를 통해 출생하였다.

03   고대 인도에서는 자연신神들이 중심이 된 베다veda시대(서기전 1500~1000)를 거쳐 브라흐마Brahma(범梵)가
최고의 신으로 등극하여 신적 체계가 정리되는 브라흐마나Brahmana시대(서기전 1000~800)가 된다. 당시 이러
한 신적 체계가 사회 제도에 적용되어 카스트(바르나varṇa)제도가 생긴다. 바르나는 "피부의 색깔"을 뜻한다.
그런데 석가모니 붓다가 활동했던 서기전 6세기부터 5세기경의 인도는 크샤트리아 출신의 왕raja과 바이샤
출신의 상인seṭṭhi이 주도하는 도시국가nagara를 중심으로 발전하였다. 따라서 크샤트리아 계급은 정치와 군
사를 담당하여 제사를 맡은 최상층 브라흐만 계급보다 실제로는 힘이 더 강했다. 당시 갠지스강 중하류 지
역도 크샤트리아 계급이 주도하고 있었는데, 석가모니 붓다가 바로 이 계급 출신이었기 때문에 이들의 보호
를 받으며 불교는 성장할 수 있었다. 즉 마가다Magadha국의 빔비사라Bimbisara왕, 코살라Kosala국의 프라세나
짓트Prasenajit왕(파사닉왕波斯匿王), 카우샴비Kaushambi국(팔리어 코샴비Kosambi)의 우다야나Udhayana왕(우전왕優塡王)
등은 대표적인 불교 후원자였다. 카스트 제도는 1949년에 공식적으로 폐지되었으나 일부 지역에서는 지금
도 그 명맥이 유지되고 있다.

이처럼 고타마 싯다르타는 태어나는 방식이 보통 사람과 달랐을 뿐만 아니라, 서른두 가지의 독특한 신체적인 특징도 지니고 있었다. 이를 32상相(모습)이라고 하는데, 태어날 때 이미 치아가 마흔 개나 있었고, 머리카락은 남색, 피부는 금색이었다.[04] 또한 머리 위에는 상투를 튼 것 같은 육계肉髻(Usnisa)가 있었고, 눈썹 사이에는 백호白毫라는 흰 털이 있었다. 손도 특이해서, 손가락 사이가 망網으로 연결되어 마치 오리 발에서 볼 수 있는 물갈퀴 모양이었으며, 손바닥과 발바닥에는 수레바퀴 모양이 새겨져 있었다. 이러한 신체적인 특징 외에 그는 태어나자마자 걸을 수 있었으며, 심지어 말도 하였다.[05] 상식적으로는 납득이 되지 않지만, 아마 붓다와 관련된 기록을 남겼던 후대의 전기 작가들이 그를 신비화하는 과정에서 과장되었음이 분명하다. 사실 붓다의 일생과 관련된 이야기 중에 상식적으로 이해하기 힘든 것이 한두 가지가 아니다.

그런데 붓다는 왜 도솔천에서 머물지 않고 인간 세상으로 내려왔을까? 『법화경』에는 중생들을 제도하기 위해 내려 왔다고 기록하고 있다. 싯다르타, 그 이름이 알려주듯이 그가 성취하고자 한 것은 중생들을 깨달음에 이를 수 있도록 제도하는 것이었다.[06]

---

04 붓다의 피부가 금색이기 때문에 청동과 나무로 형체를 만들고 도금鍍金하고 금박金箔을 입혀 금불상을 조성하였다.

05 32상에는 없으나 붓다는 육안肉眼, 천안天眼, 혜안慧眼(자신의 깨달음을 중시하는 지혜의 눈, 즉 성문과 연각의 눈), 법안法眼(자신의 깨달음보다 중생 구제의 원력을 세운 눈, 즉 보살의 눈), 불안佛眼(치우침이 없는 무차별의 눈, 붓다의 눈) 등 육안六眼을 가지고 있다고 한다.

06 고타마는 "흰색 소"나 "좋은 땅"을, 싯다르타는 "모든 것이 성취되다", "목적에 이르다"는 뜻이다. 우리나라 사람들은 꿈 속에서 소를 보면 조상을 봤다고 한다. 이 때 조상은 바로 고타마 싯다르타를 말한다.

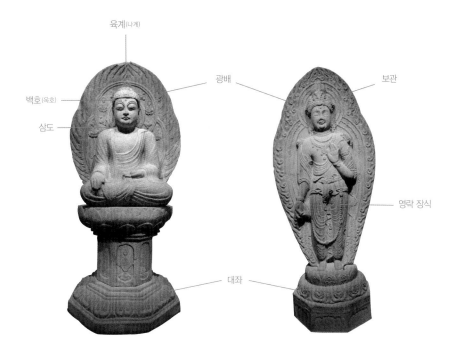

육계(나계)

백호(옥호)

삼도

광배

보관

영락 장식

대좌

· 불상과 보살상은 외관상 쉽게 구별된다. 불상은 법의法衣(옷)만 걸치고 있지만 보살상은 보관, 목걸이, 귀걸이, 팔찌 등으로 장엄한다. 단, 대일여래상大日如來像과 같은 밀교 존상은 불상이지만 장엄하기도 한다.

· 상호相好는 삼십이상三十二相(대인상大人相, 대장부상大丈夫相, 사팔상四八相, dvātrimśamahāpurusalaksana)의 "상相"과 팔십종호八十種好(80수형호隨形好, 80미묘종호微妙種好, 80종소상種小相, aśityānuvyañjanāni)의 "호好"를 붙여 만든 용어다. 32상은 대인大人(마하푸르사mahāpurusa)이 갖추고 있는 32가지의 특징을 말한다. 경전마다 붓다의 상호에 대해서는 그 수가 다르지만 일반적으로 32상 80종호라고 한다. 이 때 "상"은 모습이라는 뜻이다. 『조상공덕경造像功德經』에서 32상 중 육계肉髻(ushnisha)와 백호白毫(urna) 만이 보통 사람과 다르다고 기록한 것과 같이 실제 불상을 만들 때는 육계와 백호 등 6 내지 7개만 표현한다. 한편 80종호는 코가 길고 콧구멍이 없으며, 눈썹은 초승달, 입술은 사과빛, 얼굴은 보름달과 같고, 눈은 넓고 길다는 등 32상보다 구체적이다. 삼도三道는 생사윤회의 인과를 나타낸 것으로, 혹도惑道(번뇌도煩惱道), 업도業道, 고도苦道를 말한다.

그림의 오른쪽 중간에는 마야부인의 오른쪽 겨드랑이에서 태어나고 있는 어린아이 모습의 싯다르타가 있다. 다시 그 밑에 탄생 직후 동남서북으로 일곱 걸음 걸은 후,[07] "천상천하유아독존天上天下唯我獨尊"을 외치고 있는 싯다르타의 모습이 보인다.[08] 연꽃으로 묘사된 발자국[09] 사이에 벌거벗은 어린아이가 오른손으로는 하늘을, 왼손으로는 땅을 가리키고 서 있다. 이 모습을 불상으로 만들면 탄생불誕生佛(Aśvaghoṣa)이 된다.[10] 천상과 천하에 오직 나 혼자 만이 있다는 이 표현은 인간 세상에서 첫발을 내디딜 때 가진 자신감의 표출이라고 할 수 있다.

그림 가운데를 보면, 어린 아이가 앉아 있고 그 위에는 아홉 마리의 용이 물을 뿜어내고 있다. 이는 하늘에서 내려온 용들이 싯다르타를 목욕시키는 장면이다. 우리나라 법당의 천장에 용이 많이 조각되는 것도 이러한 전통을 이은 것이다.

그런데 용문사 팔상도에는 인도식 건물은 전혀 보이지 않는다. 마치 우리나라 조선이나 중국의 어느 절을 보는 듯하다. 사람들도 인도인과는 달라서 마야부인도 조선이나 청나라 귀부인 모습을 하고 있다. 이 그림을 그린 사람은 아마 석가모니 붓다와 같은 인도 사람을 전혀 만난 적이 없었을 터이고, 때문에 자연스럽게 자신에게 친숙한 얼굴로, 또 그 당시 가장 존귀한 모습으로 사람들을 표현했을 것이다.

---

07 일곱 발자국에 대한 해석은 이렇다. 여섯 걸음은 육취六趣를 의미하며, 일곱 번째 걸음에는 육취를 초월한 초인적인 개념이 들어 있다. 육취란 지옥地獄, 아귀餓鬼, 축생畜生, 아수라阿修羅, 인人, 천天(또는 신중神衆)을 말한다.

08 천상천하 유아독존天上天下 唯我獨尊은 태어난 직후 천안天眼으로 사방의 모든 국토와 중생들을 살펴본 다음 지계持戒와 선정禪定, 지혜, 선근善根에서 자신과 같은 경지에 도달한 사람이 없음을 알고 사자가 포효하듯 외친 것이다.

09 붓다의 발자국은 붓다와 그의 가르침이 특정한 장소를 보호한다는 뜻을 나타낸다.

10 중국에서는 원강雲岡석굴에 부조된 북위 5세기 후반의 탄생불이, 우리나라에서는 삼국시대 7세기의 금동탄생불이 가장 이른 예다.

용문사 팔상도 비람강생상
조선시대 1459년에 간행된 「월인석보」의 팔상도 형식을 따른 불화다.

석가여래유적도釋迦如来遺迹圖
조선시대 1673년, 길이 72.5cm, 폭 20.5cm

마하보리사 발자국

　　태자가 태어난 사월 초파일에 큰 절에서는 한 팔을 들고 한 팔을 내린 어린아이 모습의 탄생불상을 목욕시킨다. 탄생불상은 보통 오른손으로 위를, 왼손으로 아래를 가리킨다. 또한 상체는 벗고 하체엔 치마를 걸친다. 탄생불이라면 당연히 갓 태어난 아기 모습이어야겠지만, 이것도 불상이기 때문에 시대성과 민족성을 반영하기 마련이다. 그래서 때론 청년으로, 때론 중년 남성의 모습으로 탄생불상이 만들어진다.

금동탄생불상
고려시대, 높이 25.8cm, 국립중앙박물관
강화도에서 출토되었다고 전해지는 금동탄생불상은 고려의 강화도 천도 시기인 13세기 전반에 조성된 것으로 추정된
다. 고려시대에 국가적인 행사였던 연등회 의식에 사용된 것으로 보인다. 한편 일본의 「원흥사가람연기병유기자재장元
興寺伽藍緣起幷流記資材帳」(747)에 백제에서 538년, 일본에 보낸 태자상과 관불기灌佛器가 우리나라 탄생불상과 관불반
에 관한 가장 이른 기록이다.

관불반
고려시대 1215년, 높이 7.8cm, 지름 44.5cm, 개인소장
김준金晙이 발원한 관불灌佛의식용 큰 대야다.

출가,
속세를 떠나 수행의 길로

●

출가를 결심하기까지

기독교에서 예수가 태어났을 때 동방박사東方博士가 왔듯이 고타마 싯다르타가 막 탄생했을 때 브라흐만 아시타Asita(아사阿私) 선인이 와서 다음과 같이 예언하였다.

만약 이 아이가 자라서 왕위를 계승하면 위대한 전륜성왕轉輪聖王(Cakravartirāja)이 되지만, 집을 떠나 수행하면 인간 세상의 고통을 해결할 수 있는 깨달은 분이 될 것이다

예언을 들은 숫도다나왕의 걱정은 이만저만이 아니었다. 어렵게 얻은 아들이었기에 왕은 그 아들에게 왕위를 이어주고 싶었던 것이다. 그래서 숫도다나왕은 싯다르타 태자가 어려서부터 아예 출가할 생각을 떠올리지 못하게 하였다. 왕은 아들을 위해 호화로운 궁전을 짓고, 정원을 아름다운 꽃과 기이한 동물들로 가득 채웠다. 또 예쁜 궁녀들을 보내어 태자를 시중들도록 했다. 그런 다음 인간 세상의 참상을 보지 못하게 하려고 태자에게 궁성 밖 출입을 금하였다. 그렇게 시간이 흘러 태자가 열아홉 살이 되자 이번엔 집정대신의 딸이자 외사촌뻘인 야쇼다라Yaśodharā(耶輪陀羅, 持

^佛)와 결혼을 시켰다.

하지만 풍요로운 생활도 태자를 만족 시키지는 못했다. 싯다르타 태자가 열두 살 되던 해 아버지와 함께 농경제에 참석 할 때였다. 그곳에서 우연히 채찍을 맞아 가며 밭을 갈던 소와 그 소가 끌던 쟁기 에 찢겨 꿈틀거리던 흙 속의 지렁이, 이를 보고 날아와 쪼아 먹는 새를 보게 된다. 태자는 약육강식의 처참한 모습을 목격 하고 그 후에도 오랫동안 충격에서 쉽게 벗어날 수 없었다. 더구나 태자는 자신의 호화롭고 안락한 생활이 오히려 죄스럽 고 마음은 불편하기만 했다. 그때부터 줄 곧 그의 머릿속을 떠나지 않는 생각이란

석조보살좌상
쿠산시대 2~3세기, 높이 69cm, 간다라 출토, 페샤와르박물관
대좌 오른쪽에 소가 끄는 쟁기로 밭을 가는 모습이 보인다.

바로, 사람들은 "왜 생로병사의 굴레에서 벗어나지 못하는가", 그리고 "왜 그토록 근심에 싸여 있어야 하는가" 하는 것 뿐이었다.

그러던 어느 날, 싯다르타 태자는 우연히 성문 밖에서 인간의 생로병 사를 동시에 목격하게 된다. 처음 동쪽 문으로 나간 태자는 그곳에서 늙 고 쇠약한 노인을 보자 그 모습에 마음이 심란하여 다시 궁전으로 돌아온 다. 다음 번에는 남쪽 문으로 나갔다가 병들어 추악해진 거지를 보았고, 세 번째 서쪽 문에서는 죽은 시신과 슬퍼하는 상주의 모습과 마주친다. 그리고 마지막으로 북쪽 문에서 승려 한 사람을 만난다. 수행하는 승려는 남루했지만, 마음만은 너무나 평화로워 보였다. 이 경험은 싯다르타 태자 로 하여금 출가 승려로서 수행하는 길만이 세상의 모든 번뇌를 끊고 깨달

소현세자 손자인 임창군(1663~1724) 묘 문인석
조선시대 18세기초, 196cm ⓒ 김민규

음을 이룰 수 있다는 생각으로 이끌었다. 이 내용을 표현한 것이 바로 사문유관상四門遊觀相이다.

용문사 팔상도에는 이 내용이 어떤 모습으로 표현되었을까? 싯다르타 태자는 그림 오른쪽 아래의 동쪽 문에서 노인을 만나고 있으며, 왼쪽 아래의 남쪽 문에서 추악한 모습의 거지를, 왼쪽 위의 서쪽 문에서 관속에 놓인 주검을, 그리고 오른쪽 위의 북쪽 문에서 승려를 만나고 있다. 그림에서 싯다르타 태자는 방황기의 청년의 모습이 아니라 조선시대 18세기 초의 임창군臨昌君 묘 문인석과 같이 금관조복金冠朝服을 입은 조선시대 관리로 표현되었다.

사실 성문 밖에서 싯다르타 태자가 만난 노인, 거지, 주검, 승려는 모두 모습을 바꾸어 나타난 천신天神들이었다. 천신들이 태자로 하여금 출가를 결심할 수 있도록 동기를 부여한 것이다.

한 번 태어난 인간은 결국 늙고 병들어 죽고 마는구나
어머님은 이미 세상을 떠났고, 아버님도 나도 언젠가는 죽을 것이다
이 세상에 태어난 자는 반드시 늙고, 병들고, 죽는 괴로움을 겪어야 하니
아! 인생은 이 얼마나 허무하고 괴로운 것인가
아무리 몸부림쳐 봐도 벗어날 수 없는 죽음의 수렁이
모두의 앞에 막아서 있구나

용문사 팔상도 사문유관상

유성출가
쿠산시대 2〜3세기, 간다라

결국 싯다르타 태자는 출가를 결심하고 어느 날 밤 성벽을 넘는다. 그때 나이 29세였다.

이 장면이 유성출가상踰城出家相이다. 싯다르타 태자는 본래 시종侍從 찬다카Chandaka(車匿, 樂欲)와 함께 말을 타고 궁전을 빠져 나가려고 하였다. 그러나 성문이 굳게 닫혀 있어서 나갈 수가 없었다. 이 때 하늘에서 천신들이 내려와 도와준 덕분에 아무도 모르게 성벽을 넘어갈 수 있었다. 용문사 팔상도의 유성출가상에서는 그림 윗부분에 성벽을 넘는 장면이 있고, 천신들은 무장한 사천왕四天王들로 표현되었다. 성벽을 넘는 일이 한밤중에 있었음은 사람들이 들고 있는 여러 개의 등불이 알려 준다. 그림 아래쪽에는 출가를 돕기 위해 사천왕들이 찾아오자 놀란 나머지 주저앉아 있는 찬다카가, 위쪽의 구름 위엔 마지 못해 따라가고 있는 찬다카가 각각 그려져 있다. 찬다카는 태자가 딴 생각을 하지 못하게 감시하라는 숫도다나왕의 명령을 받은 시종이다. 밤에 몰래 출가하는 태자를 만류하지 못해 왕의 명령을 어길 수밖에 없었던 그가 이 상황에서 가장 난처한 사람임엔 틀림이 없다. 얼굴에서 그의 표정을 읽을 수 있다.

용문사 팔상도 유성출가

깨달음을 향하여

출가한 태자는 바이살리Vaishali(毘舍離)의 아라다 카라마Arāda Kalama 선인을 찾아가 깨달음을 얻고자 가르침을 청하였다. 그러나 자신이 원하던 바를 얻을 수가 없었다. 다시 라자그리하의 브라흐만 우드라카 라마푸트라Udraka Ramaputra를 찾아가 요가 수행을 하였다.

그 가르침 마저 태자가 고민하던 근본적인 문제를 해결할 수는 없었다. 결국 태자는 나이란자나Niranjana강(니련선하尼連禪河)[01] 옆의 가야산으로 가서 하루에 보리 한 톨로 끼니를 때우며 6년 간의 고행苦行에 들어간다. 이 장면이 설산수도상雪山修道相이다.

인도 나이란자나강

---

01   중인도 마가다국의 가야성 동쪽에서 북쪽으로 흐르는 갠지즈강恒河의 한 지류다. 현재 파트나주Patna州 에 속해 있으며, 현지에서는 "니란저나"라고 발음한다.

태자는 왜 깨달음을 이루기 위해 고행을 선택했을까? 당시의 종교적 수행자, 즉 사문들은 모든 존재가 물질적인 요소들이 취합하여 만들어진 것이라고 생각하였다. 그들은 육체도 물질로 만들어졌기 때문에 더러운 몸을 괴롭혀야(고苦) 정신적인 자유를 누릴 수 있다고 여겼다. 다른 수행자들처럼 태자도 고행을 통하여 자신의 문제를 해결하고자 했던 것이다. 이러한 고행 사상이 발전하여 성립된 종교가 자이나교다.[02]

사실 싯다르타 태자가 고행에 들어간 곳은 설산과 거리가 멀지만 설산수도상에서는 주로 야윈 모습의 수행자가 눈 덮인 산을 배경 삼아 앉아 있는 모습으로 표현된다. 설산은 바로 "눈(히마Hima)"과 "간직하다(알라야 ālaya)"는 뜻의 히말라야Himālaya산이다.

송광사 팔상도 설산수도상

용문사 팔상도의 설산수도상에서도 눈 덮인 산을 배경으로 붓다가 고행하는 모습이 표현되었다. 그림 오른쪽 중간에 화려한 옷을 입은 중년의 태자가 스스로 삭발하고 있으며, 그 앞에서 시종 찬다카와 말이 꿇어앉아 바라보고 있다. 약간 왼쪽 위에는 막 출가한 승려와 찬다카가, 다시 그 위에는 지권인智拳印을 한 붓다의 모습이 그려져 있다. 그림 아래쪽에는 찬다카가 궁중으로 돌아와 그간의 사정을 알리고 있다.

설산수도상은 팔상도 중 사람들에게 가장 숙연한 마음을 들게 한다. 나이가 많아 보이긴 하지만 태자의 모습과 출가한 승려의 모습, 합장을 한 석가모니 붓다의 모습에서, 깨달음을 얻기 위한 한 인간의 수행 과정이 어떤 식으로 진행되었는지 여실하게 알 수 있기 때문이다. 붓다가 취한 합장은 사실 비로자나불의 지권인을 표현하려 했던 것일지도 모른다. 팔상도가 그려진 조선시대 18세기에는 화엄 사상이 매우 중시되었기 때문에 그 분위기가 여기에서도 반영된 것으로 보인다.

대체로 가부좌를 튼 양반 자세로 앉아서 두 손을 단전 앞에 둔 선정인禪定印을 한 불상은 석가모니 붓다의 고행 모습을 표현한 것이다. 우리나라 불상 중에서는 부여의 군수리軍守里 절터에서 출토된 석조불좌상이 이러한 예에 속한다.

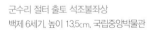

군수리 절터 출토 석조불좌상
백제 6세기, 높이 13.5cm, 국립중앙박물관

용문사 팔상도 설산수도상

인도와 중국에서 초기에 만들어진 불상들은 대부분 선정인과 설법인說法印을 하고 있다. 아마 석가모니 붓다의 수행 과정, 즉 고행과 명상에 관심이 많았던 초기 불교 교단에서 붓다의 구도적 수행을 상징하는 선정인을 취한 불상을 많이 조성했기 때문일 것이다. 또한 사람들에게 메시지를 전달하는 것이 중요한 일이었으므로 설법하는 붓다를 연상케 하는 설법인의 불상도 많이 만들어졌다. 양반 자세(가부좌跏趺坐)로 앉아서 왼손으로 법의 자락을 잡고 오른손을 들어 올려 설법하고 있는 불상은 인도의 간다라Gandhara와 마투라Mathura 지방에서 시작되었다. 인도와 중국에서는 이 설법인 불좌상이 먼저 나타나고, 선정인 불좌상이 그 뒤를 이어 유행하지만, 우리나라에서는 설법인 불좌상의 단계를 건너 뛰어 선정인 불좌상이 가장 초기 유형인 것이 특징이다.

불상의 모습은 나라마다 민족마다 차이가 있는데, 이는 불교가 각 나라에 정착하여 그 나라의 문화와 융합하는 과정에서 국가적·민족적 성향을 반영하였기 때문이다. 예컨대 가장 쉽게 차이를 볼 수 있는 부분이 불상의 얼굴이다. 불상을 만드는 사람의 입장에서는 붓다가 인도 사람이라는 사실에 그다지 주목하지는 않았을 것이고, 결국 자신에게 가장 친숙한 모습을 불상 속에 투영했을 것이다. 군수리 절터 출토 석조불좌상에서 인도 불상에 보이는 피골이 상접한 모습의 인도 사람이 아니라 후덕한 백제 사람의 모습을 하고 있는 것은 다 이러한 이유 때문이다.

석조불좌상
쿠샨시대 2세기후반, 높이 32cm, 우타르프라데시Uttar Pradesh 출토, 인도 마투라박물관

인도고행상
쿠샨시대 2~3세기, 높이 84cm, 파키스탄 출토

성도,
드디어 깨달음을 이루다

●

깨달음을 이루어 붓다가 되다

출가 후, 싯다르타 태자는 자신이 직면한 문제를 해결하기 위해 브라흐만 수행자들을 찾아 가거나 스스로 그 답을 찾기 위해 6년 동안 고행하였으나 원하던 해답을 얻지 못하였다.

태자는 또다시 수행을 결심하고 나이란자나강에 도착하여 목욕을 하였다. 앞선 고행으로 기력이 떨어진 태자가 목욕 후 쓰러지려 하자 나무 신神이 가지를 드리워서 강뚝으로 끌어올려 주었다. 이 때 언덕에서 가축

수자타마을 전경

을 기르던 수자타Sujātā(善生)[01] 가 유미죽(우유와 꿀을 섞어 만든 죽) 한 그릇을 바쳐 태자의 기력이 회복되게 도와주었다. 몸을 추스린 태자는 수행자들이 입는 분소의 糞掃衣[02]로 갈아 입고 보드가

01 수자타에 대해서는 가축을 기르는 평범한 여자와 그 지역 성주城主(혹은 촌장村長)의 딸이라는 두가지 설이 있다.
02 분소의糞掃衣는 시신을 감싸던 천으로 만든 옷이다.

보드가야 마하보리사 전경 / 마하보리사 정각상
마하보리사 대탑이 정확하게 언제 세워졌는지는 알 수가 없다.

야[03]의 보리수菩提樹(覺樹, 道樹, Bodhidruma)[04] 아래로 자리를 옮겨 길상초吉祥草 (Kúsa)를 깔고 동쪽을 향하여 앉아 이렇게 결심하였다.

> 내가 내 자아를 깨닫기까지
> 비록 내 피부와 살과 뼈가 마르고
> 내 몸이 썩어 들어간다고 하더라도
> 이것이 백 번의 삶을 살아도 얻기 힘든 것이기에
> 나는 이 자리에서 한 발도 움직이지 않으리라

03 보드가야는 붓다 당시엔 우르벨라Urvella로 불렸다.
04 보리수는 원래 핍팔라pippala나무(무화과수無花果樹)였으나 붓다가 그 밑에서 깨달음을 이루었기 때문에 보리수菩提樹(bodhidruma, 각수覺樹, 도수道樹)라고 불렸다.

마하보리사 보리수와 금강보좌

　　이렇게 굳은 결심을 한 태자가 보리수 아래에서 7일 동안 있을 때, 바
람이 불고 비가 오면 그때마다 나무 신이 가지로 태자를 보호해 주었다.
그러던 중 갑자기 마왕魔王의 세계가 크게 흔들리기 시작했다. 놀란 마왕
마라 파피야스Māra pāpīyas [05]가 사바세계를 내려다보니, 보리수 아래에서 태
자가 정진하고 있는 것이 아닌가? 실로 그 힘이 대단히 강해서 마왕의 세
계가 흔들린 것을 알게 되었다. 파피야스는 태자가 붓다가 되는 것을 막
으려고 마녀와 마군을 보내 더 이상 수행하지 못하게 방해하고 협박하였
다. 마녀는 다름 아닌 그가 애지중지하던 예쁜 딸들이었다. 미인계로 태자

05　마왕 마라파피야스(마라파순魔羅波旬)는 욕계欲界에 속하는 천상 중 제일 위쪽 하늘나라인 타화자재천他化
自在天의 왕이다. "그 이상 없이 나쁜 몸"이라는 뜻의 마라파피야스는 나쁜 일을 많이 저질렀지만, 단 한 번
의 착한 일로 인해 타화자재천에 태어나 왕이 되었다고 한다.

중국 원강雲岡석굴 10굴 항마상도상 (윗부분)
북위 5세기 후반

를 유혹하여 깨달음을 방해하려 하였으나 태자는 그 유혹에 흔들리지 않
고 이들을 늙고 추한 노파로 만들어 버렸다. 또한 태자를 위협하던 마군
들은 무기가 부러지고 바닥에 내동댕이 쳐졌다. 마왕의 방해는 결국 수포
로 돌아가고 태자는 드디어 깨달음을 이루어 붓다가 되었다.

브라흐만의 수행법도, 정신적·육체적 고행도 아닌 명상冥想(Dhyāna)을 통해 마음 속의 집착인 번뇌煩惱[06]를 버림으로써 깨달음을 이룰 수 있었다. 태자는 오른손으로 땅을 가리키며 지신地神[07]으로 하여금 자신의 깨달음을 증명하게 하였다. 마귀(마)를 항복(항)시키고 지신(지)을 불러(촉) 그의 깨달음을 증명한다는 항마촉지인降魔觸地印의 불상은 바로 이 깨달음의 순간, 정각正覺한 붓다의 모습이다.[08] 이것이 바로 팔상의 한 장면인 수하항마상樹下降魔相이다. 이 날은 음력 12월 8일, 이때부터 사람들은 그를 석가모니 붓다[09]라고 불렀다. 즉 "석가족釋迦族의 성현聖賢(모니)이자 깨달은 분"으로 존칭하였다. 보드가야의 마하보리사 대탑 뒤쪽에는 태자가 길상초를 깔고 앉아 깨달음을 이루었던 자리를 상징하는 금강보좌金剛寶座가 지금도 남아 있다.

06 번뇌란 눈, 코, 입 등 감각 기관이 받아들여 만들어낸 형상을 실체라고 믿게 되고, 그 매력에 이끌리거나 거부감을 나타내어 좋아하기도 하고 싫어하기도 하는 등의 마음을 일으키는 것을 말한다.
• 108번뇌 : 눈(안眼), 귀(이耳), 코(비鼻), 혀(설舌), 몸(신身), 마음(의意)×3(좋음, 보통, 나쁨) = 18×2(더러움(염染), 깨끗함(정淨)) = 36×3(과거, 현재, 미래) = 108

07 지신地神(대지의 여신)을 부른 이유는 대지신大地神이 당시 사람들에게 가장 강한 믿음을 주었기 때문이다.

08 정각은 불이不二에 들어가는 것, 열반에 들어가는 것, 성불하는 것이다. 성불은 멸도滅度라고도 하는데, 멸은 집착을 없애는 것을, 도는 생사의 고해苦海를 건너서 불이의 열반세계로 들어가는 것을 말한다. 이 열반의 세계에 들어가면 첫째 불퇴전不退轉(성불할 수 있는 수행의 경지에 도달한 것)의 지위를 얻게 되며, 둘째 무생법인無生法忍(모든 것이 태어나고 죽음이 없다는 것을 아는 것)을 얻게 되며, 세째 정정취正定聚(바로 성불하도록 되어 있는 사람들)에 들어갈 수가 있다.

09 불佛은 산스크리트어로 "깨달은 분"을 뜻하는 붓다Buddha의 중국식 음차 푸워투어佛陀와 그것의 우리나라식 발음인 불타의 줄임말이다. 깨달은 분이라는 의미는 스스로의 깨달음은 물론, 다른 사람들도 깨닫게 한다(自覺, 覺他)는 뜻이 포함되어 있다. 불은 불교 수행의 최고 경지로서, 소승불교에서는 석가모니 붓다만 지칭하지만, 대승불교에서는 석가모니 붓다 외에 깨달음을 두루 이룬 분을 모두 가리킨다. 경전에 보이는 붓다의 다른 이름으로는 여래如來(타타가타Tathāgata), 세존世尊(바가바트Bhagavat, 복덕을 갖춘 사람, 님), 석존釋尊, 대사大師, 도사導師, 모니牟尼, 대선大仙, 일체지一切智(Sarvajña, 전지자全知者), 복전福田(Punyakṣetra) 등이 있다.

석불사石佛寺(석굴암) 석조불좌상
통일신라시대 8세기 중엽, 3.25m

『삼국유사三國遺事』[대성효이세부모大城孝二世父母]에 의하면, 통일신라시대 751년[경덕왕景德王 10]에 김대성金大城이 전
생의 부모를 위하여 석불사를, 현생의 부모를 위하여 불국사를 창건했다고 한다. 그러나 불국사 서석탑[일명 석가탑]에서
발견된 고려시대 기록에 의하면, 석불사와 불국사가 함께 조성된 것이 아니라 불국사는 742년에 창건된 것임이 밝혀졌
다. 석조불좌상은 7세기 전반 마하보리사 정각상을 친견한 현장玄奘의 책 『대당서역기』에 기록된 크기와 거의 일치한
다는 점에서 주목된다. 편단우견식으로 옷을 입고 항마촉지인을 한 채 동쪽을 향하여 앉아 있는 것도 같다.

용문사 팔상도 항마성도상

용문사 팔상도의 항마성도상에서는 그림 중앙에 항마촉지인을 결한 불좌상을 배치하고 그 배경으로 커다란 나무, 즉 보리수를 그려 넣었다. 보리수 가운데에는 석가모니 붓다 이전에 인간 세상에 왔다갔던[10] 과거육불過去六佛[11]을 표현함으로써 석가모니 붓다가 일곱 번째로 인간 세상에 온 붓다임을 알려 준다.

모든 악이란 악은 다 행하지 말고

모든 선은 다 받들어 행하며

각자 자기 마음을 깨끗이 하라

이것이 모든 붓다의 가르침이다

제악막작諸惡莫作 중선봉행衆善奉行

자정기의自淨其意 시제불교是諸佛敎

〔칠불통계게七佛通誡偈〕

불상 아래쪽 양옆에는 삼지창 등 무기로 무장한 마군들이 공양구인 정병淨瓶을 넘어뜨려 깨달음을 방해하고 있다. 이 장면은 팔상도가 조선시대 초기에 찬술된 『월인석보』에 근거하여 그려진 것임을 증명해 준다. 그림의 오른쪽 위에도 중앙의 불상과 같은 불상 한 존이 그려져 있으며, 그

---

10 "왔다 갔다"는 산스크리트어 "타타가타"로, "여래如來"로 번역된다. 즉 "이미 가고 없으나 온 것 같다"나 "진여眞如가 오다"는 뜻이다. 여래의 "여"는 "여실如實" 즉 진실을 뜻한다.

11 과거육불은 석가모니 붓다 이전에 인간 세상에 와서 깨달음을 전하고 열반한 여섯 존의 붓다를 말한다. 지금의 시점에서 보면, 석가모니 붓다도 열반하였으므로 과거칠불이라고도 한다. 비파시불(비바시불毗婆尸佛, Vipaśyin), 시킨불(시기불尸棄佛, Sikhin), 비스바부불(비사부불毘舍浮佛, Viśvabhu), 크라쿠찬다불(구류손불拘留孫佛, Krakucchanda), 카나카무니불(구아함모니불拘那含牟尼佛, Kanakamuni), 카샤파불(가섭불迦葉佛, Kaśyapa), 사카무니불(석가모니불釋迦牟尼佛, Śakyamuni)이다.

앞에는 지금 막 항복하고 있는 마귀가 표현되어 있다. 석가모니 붓다의 일생 중에서 가장 성스러운 순간이다.

석가성도상
서기전 2세기 말에 조성된 바르후트탑의 난간석 부조다. 보리수 아래에서 석가모니 붓다가 깨달음을 이룬 것은 그의 일생 중에서 가장 중요한 순간이다. 제일 위쪽에 무성한 잎을 가진 한 그루의 나무가 표현되어 있는데, 나뭇가지 위에 는 화환이 걸려 있다. 나무 중앙에는 두 개의 산개(傘蓋)가 표현되어 있어 석가모니 붓다의 깨달음을 뜻하는 보리수라는 것을 짐작할 수 있다. 아래쪽에는 정사(질)에서 신도들이 붓다께 예배를 올리고 있다.

깨달은 바를 전하다

붓다는 보리수 아래에서 과연 무엇을 깨달았을까? 『자설경自說經』에 의하면, 태자는 음력 12월 8일 새벽, 동쪽에서 떠오르는 태양을 맞으며 모든 번뇌와 욕망을 버리고 깨달음을 이루었다고 한다. 다음의 게송에서 법열法悅의 기쁨을 느낄 수 있다.

일구월심 사유하던 수행자에게 모든 것이 밝혀진 그 날
모든 의혹들이 씻은 듯이 사라졌다
연기의 도리를 깨달은 것이다
이것이 있으면 저것이 있고, 이것이 없으면 저것이 없다
이것이 생기면 저것이 생기고, 이것이 멸하면 저것이 멸한다

석장사 절터 출토 "연기법송"명 전돌
통일신라시대, 가로 13.5cm, 세로 13cm, 동국대학교박물관
"諸法從緣起 如來說是因 彼法因緣盡 是大沙門說"

바라나시 갠지스강 강변 브라흐만교 의식

　　그 깨달음은 이후 모든 교설의 사상적·이론적 근거가 된 연기설緣起
說이었다. 연기란 무엇인가? 연기는 인연생기因緣生起(pratītya-sam-utpāda)의
약어로, "… 때문에 함께 태어난다", "…로 말미암아 생긴다"라는 뜻이
다. 이 세상의 모든 것은 홀로 존재하는 것도, 영원히 존재하는 것도 없
다. 모든 존재는 시간적·공간적으로 서로 관계를 가짐으로써 성립된다.
홀로 존재하는 것이 없기 때문에 무아無我이고, 영원히 존재하는 것이 없
기 때문에 무상無常인 것이다. 결국 모든 존재는 무자성無自性(asvabhāva)이고
무자성이기 때문에 공空(śūnyatā)인 것이다. 석가모니 붓다의 열반 후, 불교
사상은 바로 이 연기와 공에 대하여 끊임없는 해석 속에서 발전해 나갔
다.[01]

　　석가모니 붓다의 가르침은 35세에 깨달음을 이룬 후 45년간 계속되었

01　초기불교와 부파불교는 십이연기설과 같은 논리적 구조를 적극적으로 활용한 반면, 대승불교는 공空 사
상에 기초를 두고 모든 개념화된 설명을 부정한다.

다.[02] 그 첫 번째 가르침은 갠지스강 중류에 위치한 바라나시Varanasi(Bārānasī)[03] 근교의 녹야원鹿野苑(Mrgadava, "사슴 동산")[04]에서였다. 깨달음을 이룬 직후에도 보리수 아래에서 여전히 삼매三昧에 든 채 앉아 있던 붓다는 깨달음의 심오하고 난해한 내용이 행여 사람들이 쉽게 이해하지 못할 것을 걱정한 나머지 설법하기를 주저하였다. 이때 브라흐만교 최고의 신 범천梵天(Brahmana)이 하늘에서 내려와 붓다께 귀의한 후, 사람들을 위해 설법해 줄 것을 세 번이나 간청한다. 범천의 간곡한 청에 못 이겨 붓다는 설법하

02 석가모니 붓다께서 45년간 설법한 곳은 거의 우안거雨安居 장소와 밀접한 관련이 있다. 지금까지 36곳의 우안거 장소가 확인되었는데, 코살라국의 수도 사위성에서의 26번과 마가다국 수도의 왕사성에서의 6번 외에 사르나트, 카필라바스투, 바이샬리 등에서 우안거 설법을 했다고 한다. 우안거雨安居(바르시카Varsika)란 비(바르샤Varṣa)가 많이 오는 우기(6·7월~10·11월)에 돌아다니지 않고 정사에 머무르던 것을 말한다. 우리나라에서는 여름의 무더위와 겨울의 추위를 피하기 위하여 하안거夏安居와 동안거冬安居를 한다.

03 바라나시는 가장 전통적인 인도 모습을 간직한 힌두교의 성지로서 불교는 몇몇 유적에서만 그 흔적이 남아 있다. 지금도 이곳 갠지스강가에서는 매일 밤 브라흐만교의 종교 의식과 수백구의 시신이 화장되고 있다. 고대 인도 사람들은 "어디든 물이 있는 곳"이란 뜻의 갠지스강의 물줄기를 따라 상류로 올라가면 결국 시바Shiva신이 산다는 히말라야산맥의 꼭대기에 있는 신화 속의 아나바타프타Anavatapta호수에 이를 수 있다고 생각하였다. 그들이 갠지스강가에서 시신을 화장해서 물에 뿌리는 것은 망자의 영혼이 강을 거슬러 올라가 이 호수에 이를 수 있다고 생각하기 때문이다. 또한 이 호수는 사자, 황소, 말, 코끼리가 살고 있는 4지역에 물을 공급하는 고대 인도 4대강의 수원이라고 여겼다. 아쇼카Asoka왕(서기전 272~232)의 석주 꼭대기에 장식된 이 네 마리의 동물도 이러한 신화적 이야기와 관련된다.

아소카왕 석주 / 아소카왕 석주의 네마리 동물
서기전 3세기 후반, 213.5cm, 사르나트 출토,
사르나트고고학박물관

04 바라나시국의 브라흐마닷타Brahmadatta왕이 잡아온 500마리 사슴을 차례로 잡아먹던 중 황금빛 사슴왕 니그로다Nigroda가 새끼를 가진 암사슴 차례가 되자 대신 죽기를 청한다. 국왕이 그 모습에 감탄하여 더 이상 잡아먹지 않고 안전한 곳에 거주지를 마련하여 놓아 주었는데, 그곳이 바로 녹야원이 되었다. 사슴왕 니그로다는 전생의 석가모니 붓다의 한 모습이다.

사르나트 녹야원

기로 결정하고 전에 함께 출가했던 다섯 명의 수행자를 찾아서 녹야원으로 향하였다. 사실 이들 수행자는 붓다가 6년 동안의 고행을 포기하고 수자타로부터 유미죽을 얻어먹는 것을 보고 수행자가 지켜야할 계율을 어겼다고 생각한 적이 있었다. 이들은 붓다를 타락한 승려라고 비난하면서 그의 곁을 떠나 녹야원으로 갔던 것이다. 비록 붓다에게 실망하여 서로 헤어졌지만, 붓다는 자신이 깨달은 내용을 전할 첫 번째 대상으로 이들을 선택했다. 녹야원에 있던 이들은 붓다를 보자 처음엔 아는 척도 하지 않았다. 그러나 붓다의 위엄과 자비에 압도되어 자신도 모르게 무릎을 꿇어 절을 하고는 가르침을 청하였다. 그들이 바로 붓다의 첫 번째 제자였던 교진여憍陳如(阿若憍陳如, 콘단나Kondañña), 발제跋提(바드리카Bhadrika), 발파跋波(바파Vappa), 마하남구리摩訶男拘利(마하나마Mahānāma), 아설시阿說示(馬勝, 아

058

스바짓Aśvajit)다.[05] 사실 사르나트 녹야원을 첫 번째 설법 장소로 택한 또 다른 이유는 사르나트가 속해 있는 바라나시가 예나 지금이나 사람들이 가장 많이 모여 사는 곳이어서 깨달음을 펼치기에 이만한 곳이 없었기 때문이다.

다음의 가르침은 갠지스강 남쪽에 위치한 마가다국의 수도 라자그리하(라즈기리, 왕사성)에서 이루어졌다. 이 때 마하가섭摩訶迦葉(가섭존자, 마하카샤파Mahākāśyapa), 사리불舍利弗(샤리푸트라Śāriputra), 대목련존자大目蓮尊者(마하마우드갈리아야나Mahāmaudgalyāyana) 등이 제자가 되었다. 이후 갠지스강 북쪽의 코살라Kosala(憍薩羅)국 수도 쉬라바스티(사위성)에서 설법할 때, 야소다라의 동생인 아난(아난다Ananda)과 데바닷타가 제자가 되었다.[06] 그리고 붓다의 고향 카필라바스투국에서 설법할 때는 이복동생 난다Nanda와 아들 라훌라Rāhula가 제자가 되었다. 날란다Nalanda와 파탈리푸트라(현 파트나)에서의 설법으로 많은 사람들이 붓다의 제자가 되었다. 깨달음을 이룬 지 5년이 되던 해, 아버지 숫도다나왕이 죽자 일찍이 세상을 떠난 어머니[07]를 대신하여 자신을 길러준 이모이자 작은 어머니 마하프라자파티Mahāprajāpati[08]도 출가하여 최초의 비구니 제자가 되었다.

이렇게 제자들의 수가 점점 늘어나자 가르침을 펼치거나 단체 수행을 위한 공간이 필요하였다. 국왕과 부호들은 붓다의 설법와 승가僧伽

---

05 붓다의 최초설법지 임을 기념하기 위해 다메크Dhamekh대탑이 세워져 있다.

06 붓다의 초기 제자들은 친족과 개인적으로 친분이 있던 사람들이다. 아난다Ananda(아난), 아누룻다Anuruddha, 데바닷타Devadatta는 사촌동생이며, 난다Nanda는 이복동생, 라훌라Rahula는 아들, 마하프라자파티Mahāprajāpati는 이모이자 작은 어머니, 야쇼다라Yasodhara는 아내, 우팔리Upāli는 사캬족의 이발사였다. 이중 아난다, 아누룻다, 라훌라, 우팔리는 붓다의 10대 제자다.

07 생모 마야부인은 붓다 탄생 일주일 후에 죽어서 도리천에 다시 태어난다. 깨달음을 이룬 붓다는 쉬라바스티(사위성) 부근의 발람푸르balampur에서 어머니를 위해 설법하고자 도리천에 올라갔으며, 3개월 후 설법을 마치고 상카시아로 내려온다.

08 마하프라자파티는 중국에서 "마하파자파제摩訶波闍波提", "파자파제波闍波提"로 음차되었으며, "대생주大生主", "대애도大愛道"로 번역되었다.

기원정사 전경

(Sangharama, saṅgha, 불교 교단)를 위하여 거주할 곳을 제공하였다.[09] 최초의 사원이라고 할 수 있는 코살라국의 수도 쉬라바스티Sravast(사위성)[10]의 기원정사祇園精舍(Jetavana-Vihāra)와 마가다국의 수도 라자그리하(왕사성)의 죽림정사竹林精舍(Veṇuvana-Vihāra, Veluvanarama)가 이러한 곳이다. 이들 초기 사원들은 수행자들이 도시의 개와 닭소리가 들리지 않아 수행하기에 적합하고

---

09   집단, 집합체, 조합이라는 뜻의 승가는 불교 교단에서 처음 사용된 이름이 아니라 당시 상인들의 동업조합(항行 혹은 길드)에서 오래 전부터 사용되었다. 석가모니 붓다가 활동할 당시, 사문沙門(Sramaṇa)이라고 하는 신흥 종교사상가들이 제자들을 모아 교단을 조직하였는데, 이들을 "상가의 소유자", "가나의 소유자"라고 불렀다. 이와 같이 승가는 사문들의 집단이나 불교 교단 외에 경제적 조직을 뜻한다. 차이티야(caitya, 체티야 cetiya)는 "영묘靈廟", "묘廟", "탑묘塔廟", "제다制多", "지제支提"로 번역되며, 불탑과 불상을 모신 예배 공간을 말한다. 반면 승려들의 수행과 휴식의 공간은 비하라(vihāra)라고 하며, 승방僧房과 승원僧院으로 번역된다. 우리나라 사원寺院은 이 두가지 기능이 결합된 승가람僧伽藍(sangharama, 가람伽藍)이라고 할 수 있다.

10   "무엇이든 다 있다"는 뜻의 쉬라바스티는 코살라국의 수도이자 당시 정치·경제의 중심지로서 석가모니 붓다가 26번의 우안거를 지낸 곳이다.

기원정사 안내도

탁발[11]이 가능한 거리에 위치해 있었다.

　최초의 절 기원정사는 어디서 그 이름을 따온 것일까? 기원정사는 "기수급고독원祇樹給孤獨園"이라고도 하는데, 기수는 땅을 기증한 제타祇陀 (Jeta) 태자(사위성 파사닉왕波斯匿王(파사세나디왕)의 아들)의 숲에서, 급고독은 사원 건립의 일체 경비를 보시했던 수닷타Sudatta장자[12]의 별명에서 비롯된 것이다. 즉 땅은 제타 태자가, 건물은 수닷타 장자가 기증한 것이다. 수닷타 장자는 돈이 많았지만 항상 고독한 사람이었다.

11　중국의 불교 수행자들은 처음엔 인도와 같이 탁발로 생계를 유지하면서 수행에만 전념하였다. 이후 승려들은 직접 농사를 지어서 생계를 해결하며 수행한다. 중국 선종 9조인 백장회해百丈懷海(749~814)가 저술한 『백장청규百丈淸規』에 의하면, "일일부작一日不作, 일일불식一日不食" 즉 선농禪農을 강조하여 선종 승려들이 지켜야할 것으로 좌선, 예불과 함께 노동을 언급하고 있다.

12　수닷타는 빨리어 아나타삔디카Anāthapiṇḍika로 "고독한 사람에게 보시를 많이 한 부자"를 뜻한다. 붓다의 10대 제자인 수보리須菩提가 수닷타 장자의 조카다.
수닷타 장자와 같은 장자Srestha(Seṭṭhi)들은 바이샤 출신의 상인으로, 당시 경제적 중심이었던 도시국가에서 막대한 영향력을 가지고 있었다. 이들은 대상隊商을 조직하여 육로와 해로를 통하여 교역활동을 펼쳤다.

수닷타장자의 집

우리나라 통일신라시대 719년에 조성된 감산사甘山寺 석조미륵보살입상의 광배 뒷면에 새겨진 명문에서 김지성金志誠(652~720)이 신라를 극락정토와 코살라국의 사위성(쉬라바스티)과 가깝다고 생각하고 자신의 땅 감산장전을 기증하여 감산사를 세웠다는 내용이 확인된다. 어쩌면, 김지성은 신라의 수닷타 장자일지도 모른다.

죽림정사竹林精舍[13]가 세워진 대나무 숲은 어떤 의미일까? 사실 이 대나무 숲은 석가모니 붓다의 가르침에 의해 개과천선했던 5백명의 강도 이야기와 관련된다. 한 때, 5백명의 맹인이 대나무 지팡이를 짚고 붓다를 찾아 온다. 이들은 원래 나쁜 짓을 일삼던 강도들로서 체포되어 눈알이

대상 조직을 상가saṃgha 혹은 가나gana라 하고, 그 우두머리를 장자라 하였다. 한편 붓다가 제자들과 함께 도시국가를 다니면서 설법할 때, 사람들은 붓다를 대상주大商主라고 불렀다. 대상 조직에 속한 상인들은 브라흐만교의 신분 차별을 부정하고 상인들의 자유로운 경제적인 활동을 인정하는 불교와 자이나교를 지지하였다. 이와 같이 인도 초기 불교 교단의 후원자는 도시국가를 다스렸던 크샤트리아출신의 왕들과 바이샤출신의 상인들이었다. 최초의 가람인 죽림정사가 가란타Kalandaka장자에 의해, 대표적인 가람인 기원정사가 수닷타장자에 의해 건립된 것은 이들 상인이 초기 불교 발전에 얼마나 많이 기여했는지를 입증해 준다.

13　죽림정사는 마가다국의 수도 왕사성 북쪽에 있던 가란타죽림迦蘭陀竹林에 세운 최초의 사원으로, "가란타죽원竹園", "죽원가람"이라고도 한다. 정사가 있던 곳에는 현재 이슬람교도의 무덤이 자리잡고 있다.

죽림정사 전경

뽑히는 형벌을 받게 된다. 과거에 자신들이 저지른 잘못을 회개하고 붓다의 제자가 되고자 찾아온 것이다. 이들은 붓다의 제자가 되어 깨달음을 이루고 다시 앞을 볼 수 있게 되자 더 이상 필요 없게 된 대나무 지팡이를 던져 버린다. 이 지팡이가 자라서 울창한 대숲을 이루어 라자그리하(왕사성) 북쪽의 가란타죽림迦蘭陀竹林이 되었다. 절(정사)이 붓다의 가르침을 통

기원정사 보시
바르후트석탑 부조 서기전 2세기말
기원정사를 건립하는 모습이다. 왼쪽에 제타 태자와 5명의 시종이 있고, 수닷타 장자는 중앙에서 물 주전자를 들고 있다. 땅을 금괴로 덮고 있는 일꾼들은 금괴를 옮기는 사람, 금괴를 땅에 끼는 사람 등으로 표현되었다. 왼쪽 아래에 아직 금괴가 깔리진 않았으나 이미 정사는 완성된 상태다. 기원정사를 제타바나 비하라Jetavana vihara라고도 하는데, 출가 비구의 학문 수행과 재가 불교도의 가르침으로 유명한 사원을 일컫는 말이다. 우리에게 익숙한 캄보디아Cambodia의 왕코르 와트Angkor Wat 사원이 오랫 동안 이 이름으로 불려 왔다. 제타 태자가 땅과 나무를 기증하고(기수) 수닷타 장자가 주도함으로써(급고득) 기수급고독원祇樹給孤獨園이라고 불린다. 지금의 사헤트 마헤트Sahete Maheth가 그곳이다.

돈황 막고굴 285굴 오백강도성불도
서위 538년. 화면 왼쪽에서 오른쪽으로 이야기의 내용이 표현되었다.

하여 잘못을 참회하고 깨달음을 이루는 곳이라는 점에서 보면 바로 이 죽림정사야말로 진정한 사원의 모태라고 할 수 있다.

우리나라의 오래된 절 주변에는 대부분 대나무 숲이 있는데, 혹여 이 죽림정사가 지닌 이러한 역사적 의미와 관련될지도 모르겠다. 마가다국의 빔비사라Bimbisāra왕이 하고 많은 땅 중에서 벨루바나Veluvana라는 이 죽림竹林을 기증한 것도, 죽림정사를 세워 보시한 것도 다 이러한 이유 때문이었으리라.

녹야원에서의 첫 번째 설법을 표현하여 초전법륜상初轉法輪相이라 하고, 그 장소가 녹야원이어서 녹원전법상鹿苑轉法相이라고도 한다. 전법(전법

용문사 팔상도 초전법륜상

류)은 전륜성왕轉輪聖王이 법륜法輪(dharmacakra, 수레바퀴)을 굴려 산과 바위를 깨트리듯이 붓다의 가르침으로 사람들의 번뇌를 없앤다는 뜻과 붓다의 가르침이 수레바퀴가 굴러가듯 계속된다는 의미를 담고 있다. 고대 인도의 무기 중에는 수레바퀴 같이 생긴 것이 있는데, 그것을 가지고 거대한 제국을 통치하는 왕을 전륜성왕이라고 하였다.

그런데 연기법을 가지고 붓다가 궁극적으로 해결하려 한 문제는 무엇일까? 그것은 다름 아닌 인생의 괴로움(고苦, duhka)을 해결하는 것이었다. 인생의 괴로움(고)은 집착(집)으로 인해 생긴다. 집착을 없애면 고통이 사라지며(멸), 해탈과 열반에 이를 수 있다. 우리는 이를 고苦·집集·멸滅·도道의 사성제四聖諦(Cattāri-ariya-saccāni)라고 한다. 또한 붓다는 괴로움의 원인인 집착을 없애는데, 여덟 가지의 실천 방법을 제시하였다. 여덟 가지 방법을 팔정도八正道라 한다. 올바른 견해(정견正見), 올바른 생각(정사유正思惟), 올바른 말(정어正語), 올바른 행위(정업正業), 올바른 생업(정명正命), 올바른 노력(정정진正精進), 올바른 전념(정념正念), 올바른 선정(정정正定)이 그것이다. 쉽게 말해 올바른 생활 태도만이 그 집착을 끊어낼 수 있다는 것이다. 사실 붓다의 근본 교설인 사성제와 팔정도는 출가한 비구들이 전문적으로 수행하며 실천하는 것으로, 보통 사람에게는 해당되는 것이 아니다.

　　붓다는 어떤 방식으로 그의 깨달음을 가르쳤을까? 붓다는 몸에서 낸 빛을 통하여 가르침을 전하였다. 경전에 자주 등장하는 광명설법光明說法이라는 것이 그것이다. 때론 그 가르침에 사람들을 집중하게끔 손동작, 즉 수인手印(Mudrā)을 사용하기도 하였다. 수인은 붓다의 수화手話로, 각각의 손 모양에는 그 의미가 들어 있다. 붓다의 선정을 나타낸 선정인禪定(Dhyana)印,[14] 말씀의 표현인 설법인說法(Dharmacakra)印,[15] "두려워하지 말라. 소원을 들어주마"라는 시무외인施無畏(Abhaya)印 여원인與願(Varada)印,[16] 마귀를 항복시키고 지신地神으로 하여금 자신의 깨달음을 증명하게 한 항마촉

14　선정인禪定印(dhyana mudra, 선정(혹은 명상)을 뜻하는 수인)은 두 손을 단전 앞에서 포갠 다음 손바닥을 위로 한 자세다. 뚝섬 출토 금동불좌상과 같이 초기의 선정인 불좌상은 손바닥으로 배를 가리고 있는 것이 특징이다.

15　마치 외국인을 만났을 때, 손으로 제스처를 하듯 두 손을 가슴 앞까지 들어 올려 돌리고 있는 모습으로, 설법인說法印(전법륜인轉法輪印, dharmacakra mudra, 깨달음을 전하는 수인)이라고도 한다. 안압지雁鴨池 출토 금동판불좌상이 그 예다.

16　오른손을 어깨까지 들어 올려 손바닥을 내 보이는 것이 시무외인施無畏印(abhaya mudra, 겁이 없게 하여 남에게 위안을 주는 수인)이며, 왼손을 자연스럽게 아래로 내려뜨려 손바닥을 보이는 것이 여원인與願印(varada mudra, 원하는 바를 주는 수인)이다. 우리나라 최초의 기년명 불상인 고구려 539년의 연가칠년명延嘉七年銘 금동불입상이 그 예다.

시무외인 · 여원인–연가칠년명 금동불입상
고구려 539년, 16.2cm, 국립중앙박물관

지권인–도피안사 철조비로자나불좌상
통일신라시대 865년, 불상 91cm

불상 수인

지(Bhumisparsa)인,[17] 무한한 지혜와 광명을 뜻하는 지권인智拳印,[18] 망자의 영혼을 극락정토로 인도하는 아미타인阿彌陀印 혹은 아미타구품인阿彌陀九品印[19] 등은 대표적인 수인이다.

이 중 녹야원에서 처음으로 설법하는 모습의 초전법륜인을 제외하곤 모두 우리나라 불상에서도 적용되었다. 두 손을 가슴 앞에 모으고 수화하듯이 설법하는 모습의 설법상은 많지만 초전법륜상의 상징인 녹야원

17 촉지인觸地印(降魔觸地印, bhumisparsa mudra, 마귀의 항복을 받고 깨달음을 이뤘음을 뜻하는 수인)은 선정인 자세를 하고 있던 고타마 싯다르타 태자가 왼손은 단전 앞에 그대로 두고 오른손을 자연스럽게 오른쪽 무릎 앞으로 내려뜨려 지신을 불러내는 손 자세다. 통일신라시대 8세기 중반에 조성된 석불사(석굴암) 불좌상이 그 예다.

18 두 손을 가슴 앞까지 들어 올려 왼손 검지를 세운 다음 오른손으로 감싼 모습이다. 통일신라시대 865년에 조성된 강원도 철원 도피안사到彼岸寺 철조여래좌상이 대표적인 예다.

19 아미타불의 극락정토에 태어나는데 걸리는 시간을 아홉 단계(品)로 구분한 손 자세다. 조선시대 삼세불三世佛 중 아미타불상은 보통 엄지와 중지를 맞댄 중품하생인中品下生印을 취한다.

의 사슴이 새겨진 대좌는 지금까지 발견된 바가 없다. 항마촉지인 불좌상의 경우, 석가모니 붓다의 전기와 밀접한 관련이 있어서 불교 전래 초기부터 유행했을 것이라는 상식과는 달리, 중국과 마찬가지로 7세기 후반부터 유행하기 시작한다.『서유기西遊記』의 실제 모델이었던 현장玄奘 법사(600~664) 등 당나라 7세기에 인도로 유학갔던 구법승求法僧들이 보드가야의 마하보리사摩訶菩提寺 정각상正覺像을 친견하고 감응을 받아 귀국할 때 그 모습을 베껴 와 불상으로 만들면서 촉지인 불좌상이 유행하였다.

붓다의 수인은 통인通印과 별인別印으로 구분된다. 통인은 말 그대로 여러 불상에서 두루 통용되는 수인을, 별인은 비로자나불毘盧遮那佛의 지권인, 아미타불의 구품인과 같이 특정한 불상만이 취할 수 있는 특별한 수인을 말한다. 선정인과 항마촉지인은 원래 석가모니 붓다의 선정과 깨달음을 상징하던 별인이었으나 이후 통인으로 그 성격이 바뀐다. 즉 고타마 싯다르타 태자가 막 깨달음을 이루어 붓다가 될 때 취했던 수인이 항마촉지인이지만, 우리나라 군위삼존석굴의 불상과 같이 통일신라시대 이후에 조성된 불상에서는 아미타불에서도 이 수인을 취하기도 한다.

이렇게 만들어진 불상들은 어디다 모셨을까? 출가한 비구들이 함께 수행을 하고 붓다의 설법을 듣기 위하여 처음으로 만들어진 기원정사와 죽림정사에는 불상이 없었다. 이 때엔 석가모니 붓다가 계셨기 때문에 그의 모습인 불상을 굳이 만들 필요가 없었다. 불교가 우리나라에 들어 왔을 때에는 붓다는 이미 인간 세상을 떠났고, 그의 모습을 한 불상과 그의 신골身骨인 사리舍利가 붓다의 자리를 대신하였다.

불상과 사리는 사원寺院 속 법당과 불탑에 모셔졌다. 사원은 사寺가 담으로 구획된 몇 개의 원院으로 이루어진 것에서 유래되었다. 불상은 금불상을 모신 집이라는 뜻의 금당金堂과 금전金殿에 모셔졌다. 점차 깨달음을 세상에 두루 펼친 위대한(대) 영웅(웅)을 모신 집을 뜻하는 대웅전大雄殿과 무량수불無量壽佛을 모신 곳이라는 무량수전無量壽殿 등 모시는 불상에 따라 전각의 이름이 구체화되었다. 무량수전은 무량수불이 아미타불阿彌陀佛과 같은 뜻이므로 아미타전阿彌陀殿이나 미타전彌陀殿이라고도 하고, 아미타불

화엄사 대웅전
조선시대 후기, 앞면 5칸, 옆면 3칸, 팔작지붕

진도 쌍계사 불상 복장물
묘법연화경의 김시습 발문 중 석가모니 붓다를 지칭하는 "대웅씨大雄氏"라는 표현이 있다.

문경 봉암사 극락전
조선시대 중후기

이 서방극락정토의 주인이므로 극락전極樂殿이라고도 한다.[20] 비로자나불은 이름에서 유래한 비로전毘盧殿이나 크고(대) 고요한(적) 빛을 비추는 모습에서 비롯된 대적광전大寂光殿에 모신다.[21] 이 밖에 약사불藥師佛은 약사전에, 미륵불彌勒佛은 미륵전에 모신다.

20 비단 전각에만 특정한 이름을 부여한 것이 아니라 그 전각이 놓여 있는 공간 그 자체가 붓다의 정토임을 나타낸 곳도 있다. 불국사 극락전은 대표적인 예로, 이 극락정토에 가기 위해서는 칠보와 연꽃으로 꾸며진 칠보교七寶橋와 연화교蓮花橋를 오른 다음 극락의 또 다른 표현인 "안양安養"이라고 적힌 문을 통과해야 한다. 그 문을 지나면 아미타불이 계신 극락전에 도달할 수 있다.
21 대적광전(대광전大光殿, 대광명전大光明殿)은 『대방광불화엄경』의 설법처인 7곳 중에서 지상 설법 장소인 1회의 적멸도량회寂滅道場會, 2회와 7회, 8회의 보광명전회普光明殿會와 관련된다. 따라서 이 전각 속에는 화엄 신앙과 관련된 불상이 봉안된다.

경복궁 근정전
조선시대 1868년 중건

한편 대웅전, 무량수전과 같은 "전殿"자 들어가는 건물은 일반적인 집과는 달리 신격神格을 갖춘 존재를 모신 공간에만 붙이는 용어다. 이들 건물은 멀리서 봐도 쉽게 구별된다. 기둥이 모두 둥글기 때문이다. 동·서양 구별없이 "하늘은 둥글고 땅은 네모나다"는 천원지방天圓地方 사상22에 입각해 원형을 방형(사각형)보다 상위 개념으로 보면서 사원에서도 불상과 보살상을 모신 불전佛殿에서는 둥근 기둥이, 승려들의 거처인 요사채 등에서는 방형 기둥이 사용되었다. 조선시대 후기가 되면 이러한 관념이 반드시 지켜지는 것은 아니어서 둥근 기둥을 쓴 요사채가 만들어지기도 하였다. 절 뿐만 아니라 궁궐에서도 이러한 사상을 엿볼 수 있는데, 국왕을 신

---

22 인도 석굴의 기둥 형태에서 불교 속에 나타난 천원지방의 관념이 처음 확인된다. 즉 돌기둥 아랫 부분은 8각이나 16각으로 만들고 점차 기둥 윗부분으로 올라가면서 원형으로 바뀌는 것을 볼 수 있다.

으로 여겨 경복궁景福宮의 근정전勤政殿과 같은 왕의 집무 공간에 "전"자를 전각 이름에 붙이는 것은 물론, 사용된 기둥도 모두 둥근 형태를 하고 있다.

목조 건축의 기본 상식

초기의 목조 건축에서는 자연석 주춧돌에 기둥을 세울 때 기둥 밑을 자연석에 맞춰서 깎은 덤벙주 (기둥)를 사용하였다. 보통 기둥 아래쪽은 습기를 제거하고 썩는 것을 막기 위해 자귀로 둥글게 안쪽을 파 낸(그랭이 기법) 다음 숯과 소금으로 채웠다.

기둥은 나무가 자란 방향, 즉 위쪽을 기둥 윗부분에, 아래쪽을 기둥 아랫부분에, 남쪽 부분을 남면에 두 는 것이 일반적이다. 기둥의 아래 위는 물에 띄웠을 때 많이 잠기는 부분이 밑부분이다.

공포는 지붕의 하중을 받기 위한 쿠션 역할을 하기 때문에 못으로 고정하지 않고 짜맞춤 구성을 원칙 으로 한다. 물론 규모가 클 경우 나무촉을 사용하여 부재를 서로 연결하기도 한다. 공포는 머리에 물건을 이고 갈 때 목에 주는 하중을 줄이기 위해 양손으로 떠받치는 것과 같은 원리다. 여름철과 겨울철에 장마 와 장기간 눈이 쌓여 기와가 물에 젖어서 평상시보다 하중이 클 때 공포는 수축되며, 수분이 증발하여 원 래의 무게로 되돌아가면 공포도 원래 상태로 회복된다.

보는 위쪽의 하중을 떠받치는 기능을 하고, 방(평방과 창방)은 기둥과 기둥을 연결하여 흔들리지 않게 하 는 역할을 한다.

목조 건축에는 나무 표면의 장엄과 보존을 위하여 채색을 한다. 이 때 조개 가루로 만든 흰색, 붉은 진 흙으로 만든 석간주(붉은 색), 포항 대정산에 생산되는 뇌녹색, 숯으로 만든 검은색이 사용된다.

흙으로 만든 벽면을 보호하기 위하여 찹쌀 풀을 칠하며, 기둥에는 생 들기름을 바른다.

방바닥에는 송진을 가열하여 마감하는데, 바닥지를 코팅하여 보호하는 역할과 함께 솔 향의 효과를 얻 을 수 있기 때문이다.

마당에는 채광을 위한 화강암 가루를 까는데, 이는 밤보다 낮에 빛의 반사광을 방안으로 끌어들이기 위 함이다.

화엄사 구층암 요사채 기둥
모과나무가 가진 본래 모습을 그대로 살려 기둥으로 삼은 경우다.

그랭이 기법
나주 불회사 기둥 밑면

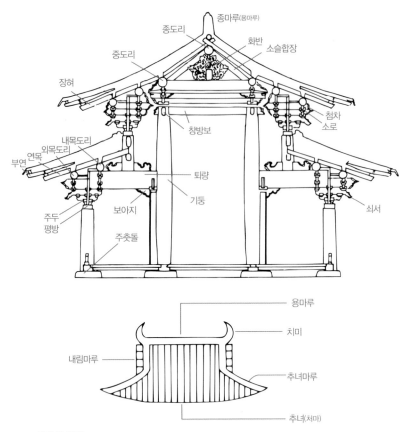

종마루(용마루)
종도리
화반
소슬합장
중도리
장혀
첨차
소로
내목도리
외목도리
창방보
부연
연목
퇴량
기둥
주두
보아지
평방
쇠서
주춧돌

용마루
치미
내림마루
추녀마루
추녀(처마)

건축의 명칭

　건축의 규모를 이야기할 때, 몇 칸 짜리라고 한다. 이 때 칸은 기둥과 기둥 사이를 지칭하는 것으로, 앞면에 기둥이 4개 있으면, 앞면 3칸이 되고, 옆면에 기둥이 3개 있으면 옆면 2칸이 된다. 따라서 이 건물은 6칸(앞면 3칸×옆면 2칸) 짜리의 규모다. 이런 건물이 10동 있으면 60칸 규모의 사찰이 되는 것이다.

　공포를 주심포식으로 하느냐 다포식으로 하느냐는 지붕의 크기와 연관된다. 웅장한 팔작지붕의 경우, 당연히 그 하중이 많이 분산되어야 하기 때문에 기둥 위에만 공포를 올리는 주심포식 뿐만아니라 기둥과 기둥 사이, 가장자리 기둥 옆쪽에도 공포를 올려야 하는데, 이들 다포식이라고 한다. 주심포식은 지붕 측면에 박공이라 하여 나무 판을 대고 앞면과 뒷면에만 기와를 올린 'ㅅ자' 형태의 옆면을 가진 맞배지붕에서 주로 나타난다. 단 임진왜란 이후 조선시대 후기에 부서진 건물들이 다시 수리되면서 맞배지붕의 다포식 건물이나 팔작지붕의 주심포식 건물이 만들어지기도 한다.

　한편 건물 내부의 서까래는 주심포식의 맞배지붕 건물에서는 그다지 복잡하지 않아 가리지 않지만(연등천장), 다포식의 팔작지붕 건물에서는 천장 내부가 복잡하여 나무판으로 가린다(우물천장). 이것도 조선시대 후기가 되면 반드시 이러한 형식을 따르지 않으며, 한 건물 속에도 일부는 가리고 일부는 그대로 노출하기도 한다. 칠장사 대웅전 천장이 이러한 예다.

열반,
욕망과 번뇌를 없애다

●

윤회로부터 벗어나다

나이가 들면 사람들은 고향이 그리워지고 찾게 마련이다. 그런데 석가모니 붓다는 왜 그의 고향 카필라바스투국이 아니라 쿠시나가라에서 열반했을까? 붓다의 행적을 따라가 보면, 왜 그곳에서 열반하였는지 짐작이 가능하다. 붓다는 마가다국의 수도 왕사성(라자그리하)에서 출발하여 유마거사維摩居士의 고향이자 자신의 열반을 예언했던 바이샬리Vaisali

쿠시나가라 열반당

075

쿠시나가라 열반당 안 열반상

를 거쳐 쿠시나가라에 이른다. 이 루트를 계속 가다보면 그의 고향 카필라바스투국에 도달한다. 코살라국에 의해 이미 망하고 없어졌지만, 그는 고향으로 향하고 있었던 것이다.

자신의 열반처로 그의 고향을 생각했다면, 혹자는 석가모니 붓다와 같은 성인이 어떻게 자신이 열반할 시기와 장소를 정확하게 예상하지 못했는지 의문을 가질 수도 있다. 사실 우리는 붓다를 직접 만난 적이 없고 경전에 기록된 초인간적인 붓다만 접했기 때문에 석가모니 붓다가 한 인간이었다는 사실을 가끔 잊어버리곤 한다. 엄밀하게 말해, 서기전 5세기 그는 역사적인 한 인간에 불과하였다.

석가모니 붓다는 80세로서 인간 세상을 마감하였다. 서기전 486년 2월 15일이었다. 대장장이 춘다Cunda Karmaraputra(純陀, 周那, 淳陀, 准陀, 淳)[01]가 버섯으로 만들어 공양한 수카라 맛다바Sukaramaddava(栴檀樹茸)[02]를 드신 후

복통을 일으키면서 쓰러진다.⁰³ 이미 열반涅槃(Nirvana)을 예견한 듯 말라
Malla(末羅)국의 수도 쿠시나가라Kuśinagara의 사라수沙羅樹(Sala, Vila Sīni, Sālavṛkṣa)
숲속에 조용히 눕는다.

머리는 북쪽에 두고 오른쪽 겨드랑이를 바닥에 댄 채 옆으로 누워서
서쪽을 바라보던 붓다는 열반에 들기 전 제자들에게 자신이 지금까지 가
르쳤던 것 중에서 의심나는 것이 있는지를 세 번이나 묻는다. 그런 후 아
난과 제자들에게 다음과 같이 유언한다.

세상의 모든 것은 변하고 없어지니

게을리 하지 말고 나의 법을 수행하는데 전념하라

내가 죽고 난 후, 나의 법을 스승으로 삼으라

산스크리트어 니르바나nirvāṇa(nibbāna, 滅道, 入滅, 圓寂)를 중국어로 음차
하면, 니에판(涅槃)이 된다. 다시 이것을 우리나라식으로 읽으면 열반이 된
다.⁰⁴ "불어서 끈다"는 뜻이다. 그렇다면 무엇을 불어서 끈다는 것인가?

사람들이 지닌 탐욕(탐貪), 분노(진瞋), 어리석음(치痴)에서 오는 번뇌를

---

01 대승불교경전에는 춘다가 천민 대장장이로 기록되어 있지만, 붓다가 열반하던 서기전 5세기는 철기시
대로, 이 때 철을 다루던 대장장이는 천민이 아니라 존경받던 특수한 신분이었다.

02 "기쁨"을 뜻하는 수카라는 인도 돼지의 한 종류다. 수카라 맛다바는 버섯 요리거나 삶은 돼지고기 요리
라는 두 가지 설이 있다.

03 석가모니 붓다를 비롯한 초기불교교단의 출가수행자들은 만성적인 위장병을 앓고 있었을 것으로 짐작
된다. 자신들의 건강 상태와 관계없이 탁발한 음식을 가리지 않고 먹을 수 밖에 없었기 때문이다.

04 열반涅槃(Nirvāṇa, Nibbāna)은 산스크리트어 니르바나의 중국식 음차인 니에판을 우리식으로 읽은 것이다.
일체의 번뇌를 끊어 깨달음을 완성한 경지로, "적멸寂滅", "멸도滅度", "원적圓寂"이라고도 한다. 보통 사람들
의 죽음과는 다른 그 이상의 어떤 것으로 상정된다. 니르바나 속에는 "불어 꺼지다", "생명의 불이 불어 꺼
지다", "죽음의 과정을 거치지 않은 승천昇天" 등의 의미가 포함되어 있으며, 교학적으로는 "일체의 번뇌를
끊어 깨달음을 완성하는 경지"로 해석된다. 즉 모든 집착을 끊어 버린 상태로, 생사의 윤회로부터 벗어나는
것을 뜻한다. 결국 열반이란 석가모니 붓다가 이 세상에서 사라진 것이 아니라 이름도 형상도 없는 그 본래
의 자리로 돌아간 것, 보이지 않는 체體로서의 붓다로 되돌아간 것을 의미한다.

쿠시나가라 다비처
붓다의 다비처라고 추정되는 이곳에는 라마바르Ramabhar대탑이 세워져 있다.

열반상
쿠샨시대 2세기, 페샤와르박물관

불어서 끈다는 뜻이다. 석가모니 붓
다가 열반에 든 지 2500여년이 지
난 지금에서도 불교계에서는 사회
갈등의 원인이 이 세 가지 독毒에
있다고 본다.[05]

　붓다의 장례는 쿠시나가라의
말라족에 의해 치뤄졌다. 당시의
장례는 요즘 스님들이 입적하면 제

05　보조국사 지눌知訥(1158~1210)이 순천 송광사에서 정혜定慧 결사운동을 펼친 것은 승려들이 붓다께서 가
르친 마음 수행은 하지 않고 복을 빌고 액을 걷어내는 기도를 하는 등 불교의 본래 성격에서 벗어났기 때문
이다. 삼독(탐(탐욕), 진(분노), 치(어리석음))을 다스리는 것이 삼학(계(계율), 정(정신통일), 혜(지혜))인데 그렇지 못하
여 정혜결사운동을 펼친 것이다.

치유방법
- - - - - - - ->

삼독三毒	삼학三學
탐(탐욕)	계(계율을 지키는 것)
진(분노)	정(마음수행 하는 것) ⎤ 정혜
치(어리석음)	혜(지혜를 갖추는 것) ⎦ 결사운동

용문사 팔상도 쌍림열반상

자들이 장례를 주관하는 것과는 다른 모습이었다. 붓다의 주검을 금관金棺에 넣고, 금관을 다시 은관에, 다시 동관, 철관, 석관 속에 넣은 다음 다비 Jhapita(茶毘)[06]하였다.

용문사 팔상도에는 열반의 모습이 비교적 간략하게 표현되어 있다. 그림 중앙의 침상 위에 열반에 든 석가모니 붓다가 누워 있다. 붓다는 『열반경』에 묘사된 바와 같이 오른쪽 겨드랑이를 바닥에 댄 채 옆으로 누워 있다. 그 뒤에 두 그루의 사라수[07]가 보인다. 그림 아래쪽에 등장하는 승려들은 인도 승려들이 아니라 조선의 승려들이다. 승려들은 슬픔을 가누지 못해 울고 있지만, 양옆에 서 있는 보살들은 열반을 자연스런 현상으로 담담하게 바라보고 있어 두 모습이 사뭇 대조적이다. 사실 보살들은 승려들에 비해 수행의 정도가 높아 열반의 경지가 어떤 것인지 이미 알고 있기에 침착할 수 있었던 것이다. 불교에서는 이를 체관諦觀의 경지라고 한다. 그런데 붓다의 발 바로 옆의 오른손을 뺨에 댄 채 슬픔에 잠긴 보살이 유독 시선을 끈다. 보통 보살은 붓다의 열반에 전혀 동요하지 않는데, 이러한 모습은 다소 생소하기는 하나 인간적인 표현임에는 틀림이 없다. 그림 위쪽에는 도리천에 있던 마야부인이 붓다의 열반 소식을 듣고 황급히 내려오고 있다.

사실 석가모니 붓다와 같이 오른쪽 겨드랑이를 바닥에 대고 죽는 방식은 불교에서 처음 시작된 것은 아니다. 서양 고대의 그리스와 로마의 석관에서 이미 죽음의 모습이 세 가지로 구분되는 것을 볼 수 있다. 그들

06　산스크리트어 자파타의 중국식 음차가 차비(茶毘)이며, 이것을 우리식으로 읽으면 다비가 된다. 다비는 시신을 태워 장례를 지낸다는 뜻이다.

07　사라쌍수娑羅雙樹(sala, vila sīni)는 붓다가 열반할 때 자리를 잡고 몸을 눕히자 자란 나무로, 동남서북에 각각 2그루씩 8그루가 있어서 사방쌍수四方雙樹라고도 한다. 붓다가 열반할 즈음 백학白鶴들이 날아와 나무 위로 앉아서 돌연 흰색으로 변했다고 한다.

해인사 길상탑
통일신라시대 895년, 높이 3m

은 성인이 죽을 때엔 오른쪽 겨드랑이를, 악인이 죽을 땐 왼쪽 겨드랑이
를, 보통사람이 죽을 땐 등을 대고 죽는다고 여겼다. 이러한 생각이 불교
에 영향을 주어 붓다의 열반에 적용된 것이다.

　우리나라에서는 팔상도와 일부 기록을 제외하고는 열반상을 거의 찾
아볼 수가 없다. 현재로서는 열반 장면이 선각으로 새겨진 금동판이 유일
한 예다. 통일신라 말인 895년경의 해인사 길상탑吉祥塔의 탑지 내용과 관

련될지도 모르는 금동선각열반변상판이 그것이다. 탑지에 의하면, "석가여래열반동화상釋迦如來涅槃銅畵像" 1점을 『대반열반경大般涅槃經』 17품과 함께 탑 속에 넣었다고 한다. 금동판에 보이는 불상의 조형적인 특징이 9세기 말을 가리키고 있어서 탑지의 기록과 거의 일치한다. 변상판은 오각형의 금동판에 열반의 장면을 선각한 것이다. 열반하신 석가모니 붓다와 열 분의 제자, 두 분의 천인天人(범천, 제석천), 뒤늦게 열반 소식을 전해 듣고 황급히 쿠시나가라로 달려 와 붓다의 발을 잡고 있는 마하가섭摩詞迦葉(Mahākāśyapa)이 표현되어 있다.[08]

마하가섭 존자의 뒤로는 사라림(사라수의 숲)을 상징하듯 때 이른 꽃들이 만발한 사라수 세 그루가 서 있다. 오른쪽에는 두 손을 모은 채 하늘에서 내려오는 마야부인의 모습이 보인다. 침대 앞에는 왼쪽부터 거북, 사슴, 새, 사자 등 물짐승, 날짐승, 들짐승을 대표하는 동물들이 열반에 즈음하여 모여들고 있다. 이들 동물은 작은 미물이라도 모두 깨달음을 얻을 수 있다는 『대반열반경』의 메시지를 담고 있다.

---

08 가섭 존자는 염화미소拈華微笑로 잘 알려진 붓다의 제자다. 어느 날 석가모니 붓다가 영취산에서 8만의 대중을 향하여 꽃을 들어 보였을 때, 유일하게 가섭 존자만이 붓다의 생각을 알고 미소를 지었다고 한다. 불교 선종禪宗에서 염화미소는 이심전심以心傳心의 대표적인 표현이다. 선(선나禪那)은 "사유수思惟修", "정定(삼매三昧)", "공덕취림功德聚林", "정려靜慮"로 번역된다. "붓다의 마음"을 뜻하는 선종의 교의敎義로는 불립문자不立文字, 교외별전敎外別傳, 직지인심直指人心, 견성성불見性成佛이 있다. 경전 내용에 근거한 "붓다의 말씀"인 교종敎宗과 달리, 선종은 불립문자다. 즉 모든 경전은 깨달음을 위한 방편에 불과하며 특정한 경전에 의지하면 안된다는 것이다. 단 붓다의 마음을 이해하는 기초적인 경전으로 『육조단경六祖壇經』을 인정하고 있다. 교외별전은 사제 간의 밀접한 관계를 통하여 별도로 붓다의 마음을 전한다는 뜻이다. 직지인심과 견성성불은 자신의 마음, 즉 사람의 마음을 바로 보면 붓다가 될 수 있다는 뜻이다. 결국 선종에서 제시하는 깨달음의 방법은 이심전심 즉, 스승의 마음을 제자의 마음에 전하는 것이다. 스승은 제자에게 심인心印을 주는데, 심인은 문자가 아닌 스승을 통하여 몸으로 느끼는 것이다. 따라서 선종에서는 어떤 스승에게 사사 받았는지가 중요하다.

금동선각열반변상판
통일신라시대 9세기말, 가로 22cm, 세로 14cm, 개인소장

사리, 석가모니 붓다의 진신

다비 뒤에 남은 석가모니 붓다의 사리[01]를 모시기 위해 세운 것이 탑 塔(Stūpa, Thupa),[02] 붓다의 무덤(납골당)이다. 즉 다비 후에 나온 사리 (신골身骨)를 도로나Drona의 주관 아래 여덟 등분 한 다음 장엄구 속에 담아 탑 속에 안치하였다. 모든 불탑의 기원이 된 근본팔탑根本八塔이다. 도로나 가 사리를 나눌 때 사용한 병은 병탑瓶塔의 기원이 되었으며, 늦게 도착해 사리 대신 남은 재만 가질 수 있었던 모리야Moriya족이 세운 탑은 탄탑炭塔 (회탑灰塔)의 기원이 되었다.

붓다에 대한 그리움이 그렇게 컸을까? 우리나라에서는 사리를 모신 탑이 많이 세워졌다. 『삼국유사』에 탑들이 기러기가 열 지어 날아가는 듯 하다(塔塔雁行)고 기록될 정도로 신라에서는 많은 탑이 세워졌다.[03]

경주 남쪽 낭산狼山 기슭에는 삼층석탑 하나가 있다. 신라 왕실의 원찰 로 추정되는 황복사皇福寺의 절터가 있고, 거기엔 통일신라시대의 전형적 인 삼층석탑이 우두커니 서 있다.[04] 1942년, 일본인들에 의해 탑이 해체되

---

01 사리舍利는 산스크리트어 사리라sarira의 중국식 음차를 우리식으로 읽은 것이다. 석가모니 붓다를 화장 한 후 나온 유골(신골身骨)을 말한다. 사리는 불사리佛舍利, 법사리法舍利, 승사리僧舍利로 나뉘는데, 불사리는 붓다의 유골을, 법사리는 불경 등을, 승사리는 승려들의 사리를 말한다.

02 인도의 탑塔(탑파塔婆, 솔두파藪斗波, stūpa, thupa)은 발우鉢盂를 엎어 놓은 듯한 복발覆鉢 모습이지만 우리나라 에서는 목조 건물 형태다.

03 안행雁行은 고대 인도에서 승려들이 일렬로 줄지어 걸어가는 모습을 떼지어 날아가는 기러기 모습에 비 유한 말이다.

전 황복사 절터 삼층석탑
통일신라시대 7세기말, 높이 7.3m

전 황복사 삼층석탑 발견 사리기

었을 때 사리가 나왔다. 사리는 유리병 안에 있었고, 유리병은 금합金盒에, 금합은 은합에, 은합은 금동함 속에 있었다.[05] 금동함 뚜껑에는 신문왕神文王(681~692재위)과 그의 아들 효소왕孝昭王(692~702재위), 신목왕후神穆王后의 명복을 빌기 위해 탑을 세운다는 내용이, 금동함 몸통 네 면에는 99개의 작은 탑이 새겨져 있다. 사리 안치 방법은 『대반열반경』에 기록된 것처럼 쿠시나가라에서 붓다의 주검을 금관, 은관, 동관, 철관, 석관에 입관한 순서에 따른 것이다. 석탑에 사리를 납입할 때, 붓다의 불신佛身을 대하듯 진지하고도 경건한 절차를 밟았음을 연상하게 한다.

04 통일신라시대 석탑은 대부분 상·하단의 2단 기단 위에 3층으로 만들어지며, 지붕돌(옥개석)의 받침(처마)이 5개의 층단을 이루고 있다.

05 고려시대 말이 되면, 사리 봉안을 위해 따로 사리기를 제작하지 않고, 생활 용기가 활용된다. 우리나라 석탑의 사리장엄구는 처음엔 지대석地臺石 아래에 안치되다가 7세기 후반부터 몸돌(탑신석)에 봉안되기 시작한다. 645년에 건립된 황룡사皇龍寺 구층목탑의 사리장엄구가 땅속에 봉안되어 있었으나 682년의 감은사지感恩寺址 동서삼층석탑에서는 사리기를 몸돌에 두었다. 세계의 기둥, 우주의 축을 상징하는 찰주刹柱는 사리가 안치된 곳부터 상륜부까지 이어지는 것이 특징이다.

하지만 신라 사람들은 인도의 것을 단순히 모방만 한 것은 아니다. 경주 감은사지感恩寺址 삼층석탑과 대구의 팔공산 송림사松林寺 오층전탑에서 나온 전각殿閣 형태의 사리기는 중국의 것을 모델로 하여 만든 것으로, 신라적인 특징이 가미되어 있다. 이 사리기는 장례식에서 주검을 실고 가던 통일신라시대 상여의 모습을 한 것일지도 모른다. 681년, 문무왕文武王(661~681재위)이 죽자, 신라에서는 일년상을 치른다.[06] 그 때 왕의 유언대로 화장 후[07] 동해에 뿌리기 위해 그의 유골을 실고 가던 상여가 이런 모습은 아니었을까? 감은사는 그의 무덤이라 추정되는 대왕암과 멀지 않는 거리에 세워진 능사陵寺다. 즉 육신은 대왕암에, 영혼은 감은사에 둔 것이다.

송림사 오층전탑
통일신라시대, 16.13m

송림사 오층전탑 발견 사리기
통일신라시대, 높이 15.3cm, 국립경주박물관
금판을 이용하여 전각 형태로 만든 다음, 12개의
고리 장식이 표현된 녹색 유리잔을 중앙에 두었다.
다시 그 속에 유리로 만든 사리병을 안치하였다.

06 고구려와 백제는 신라와 달리 삼년상을 치른다. 백제 무령왕릉武寧王陵출토 묘지석에는 3년 동안 빈전殯殿을 설치하고 장례를 치른 후 매장하였다고 기록되어 있다.

07 문무왕이 유교적 장례법에 따라 매장되던 신라 왕들과 달리, 불교식 장례법인 화장(다비)을 선택했다는 것은 매우 획기적인 일이다. 문무왕 사후, 많은 신하들도 왕과 같은 장례법을 따랐으며, 이후 수습된 뼈를 동해에 뿌리는 전통이 생겨났다. 감산사 석조아미타불입상과 석조미륵보살입상을 조성한 김지성金志誠도 아버지의 유골을 동해 감포 앞바다에 뿌렸다.

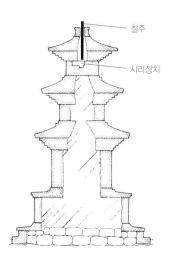

찰주

사리장치

감은사 서삼층석탑
통일신라시대 682년, 13.4m
감은사는 경주에서 감포 앞바다에 있는 대왕암으로 가는 길에 있다. 『삼국유사』에 의하면, 682년(신문왕神文王 2)에 완공하였다. 중량감이 느껴지는 장중한 조형과 상하 2층 기단, 3층 몸돌, 5단의 지붕돌 받침으로 구성된 형식은 통일신라시대 8세기 석탑의 전형적인 특징이다.

감은사

대왕암

감은사와 대왕암

감은사 서삼층석탑 발견 청동제 사리기
통일신라시대, 20cm, 국립중앙박물관

오래된 탑치고 사리가 나오지 않는 곳은 거의 없다. 그렇다면 이 사리들이 모두 석가모니 붓다의 진신眞身(신골身骨)일까? 인도의 근본팔탑에 봉안된 것과 같이 모든 사리가 붓다의 진신이면 좋으련만 실상은 그렇지 못하다. 진신이 아니면 무엇일까? 그것은 사리의 상징성을 강조한 법신法身 사리다. 그럼 우리나라에는 석가모니 붓다의 진신 사리는 정말 없단 말인가? 『삼국유사』에 의하면, 당나라 유학을 마치고 643년에 신라로 돌아온 자장慈藏 스님(590~658)은 붓다의 진신 사리 3개를 가지고 와 울산 태화사太和寺, 양산 통도사通度寺, 강원도 오대산五臺山에 각각 봉안하였다고 한다.[08] 통도사에 가면, 석가모니 붓다의 진신 사리를 모셨다는 금강보탑金剛寶塔이 지금도 남아 있다. 그래서 사람들은 이 절을 붓다의 보배로운 진신, 즉 불보佛寶를 봉안한 곳이라고 하여 불보 사찰로 부른다.

근본팔탑-케사리아대탑

---

08 우리나라 불교계에서는 석가모니 붓다의 진신사리가 다섯 곳에 봉안되어 있다고 여긴다. 태백산 정암사淨岩寺, 사자산 법흥사法興寺, 오대산 상원사上院寺, 영축산 통도사通度寺, 설악산 봉정암鳳頂庵이 그곳이다.

통도사 금강계단
조선시대 1645년 중건

통도사 금강계단 사리탑
조선시대 1645년 중건
탑과 사리는 예불을 올리는 사람에게 오불가사의五不可思議라는 다섯가지 복을 준다고 한
다. 즉 아름다운 사람이 되는 것, 변재慶材의 능력을 갖추게 되는 것, 천상에 태어날 가능
성이 있는 것, 인간 세상에서 왕족과 부자로 태어날 가능성이 있는 것, 붓다가 될 가능성
이 있는 것이다.

월정사 적광전 주련 © 김민규

강원도 월정사月精寺의 적광전寂光殿에는 오대산이 진신 사리가 봉안된 곳임을 알려주듯이 자장스님의 불탑게佛塔偈가 적힌 주련이 걸려 있다.

만대의 왕이여, 삼계의 주인이여

사라쌍수 열반 이래 얼마나 세월이 흘렀는가

붓다의 진신사리를 지금 여기 모셨으니

중생들로 하여금 예불을 쉬지 않게 하리라

만대륜왕삼계주萬代輪王三界主

쌍림시적기천추雙林示寂幾千秋

진신사리금유재眞身舍利今猶在

보사군생예불휴普使群生禮不休

인도 산치 대탑
서기전 3세기, 높이 16.5m, 직경 39m

　　초기의 불탑은 석가모니 붓다의 진신을 모신 성스러운 장소로 여겼지만, 어느 정도 세월이 지나자 불탑 건립 자체가 유행처럼 신앙화되는 경향이 생긴다. 예나 지금이나 절에는 으레 탑이 있다는 관념을 떨쳐 버리기 어려운 것은 그 만큼 탑이 많이 세워졌기 때문이리라.

　　우리나라에서는 주로 홀수 층수의 탑을 세웠다. 고려시대 1348년의 경천사지敬天寺址 십층석탑과 그것을 모방하여 만든 조선시대 1467년의 원각사지圓覺寺址 십층석탑을 제외하면, 모두 삼층탑, 오층탑, 칠층탑, 구층탑만 만들었다. 불교에서는 홀수를 생사生死와 관련된 수로 보는데, 탑은 석가모니 붓다의 무덤으로, 죽음과 관련되기 때문이다. 이렇게 홀수를 적용하는 것은 우리나라 장례법에서도 나타나는데, 3일장, 5일장, 7일장 등 홀수로 장례일을 정하는 것이 그것이다.[09] 경천사지 십층석탑과 같은 십층탑을 만든 것은 10을 불교에서 완전한 수, 즉 만수滿數로 생각하기 때문이다.

09　유교에서는 4일장, 6일장, 8일장 등 짝수 일에 맞춘 장례법을 따른다.

중국탑 – 산동성山東省 신통사神通寺 사문탑四門塔
수 611년, 높이 15m

경천사십층석탑
고려시대 1348년, 13.5m, 국립중앙박물관

불국사 서석탑(일명 석가탑)
통일신라시대 8세기, 10.6m

불국사 동석탑(일명 다보탑)
통일신라시대 8세기, 10.4m

불탑의 원류

①

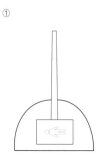

고대 인도 왕의 무덤

②

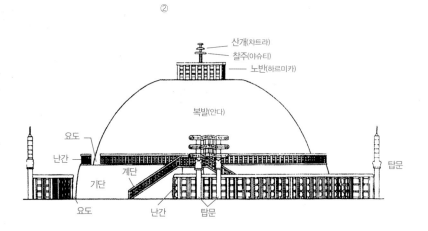

산개(차트라)
찰주(야슈티)
노반(하르미카)

복발(안다)

요도
난간
기단
계단
요도
난간
탑문
탑문

인도탑 – 산치대탑

③

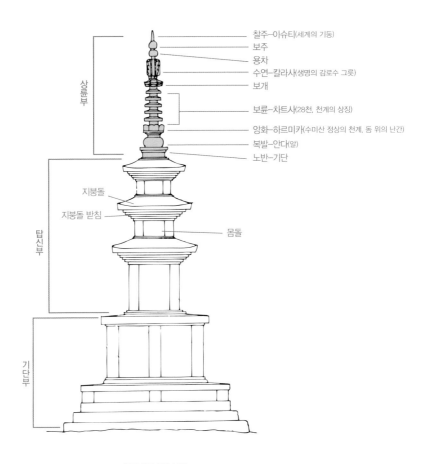

찰주—이슈티(세계의 기둥)
보주
용차
수연—칼라샤(생명의 감로수 그릇)
보개
보륜—차트사(28천, 천계의 상징)
앙화—하르미카(수미산 정상의 천계, 돔 위의 난간)
복발—안다(알)
노반—기단

상륜부

지붕돌
지붕돌 받침
몸돌

탑신부

기단부

우리나라 삼층석탑

진전사지陳田寺址 부도
통일신라시대 9세기 중엽, 3.17m ⓒ 김민규

통일신라시대 후기에 유행하기 시작한 선종계 불교에서 고승은 붓다에 비유될 만큼 위상이 높았다. 부도는 우리나라
부도의 전형이 갖추어지지 전의 초기 형태를 하고 있다. 9세기 전반에 조성된 도의道義선사의 부도로 추정된다. 부도는
기단 위에 연화대좌를 마련하고 중앙에 사리공을 만들어 사리를 안치한 다음 팔각형의 집을 올렸다. 지금도 스님들을
화장할 때 연화대 위에서 행한다. 도의의 제자인 염거廉居화상(?~844)의 부도는 팔각형 형태다. 염거화상의 제자인 보
조普照선사 체징體澄(804~880)의 부도에 기록된 내용에 의하면, 석탑보다 부도 조성에 신경을 썼던 것을 알 수 있다. 보
조선사의 부도는 현재 장흥 보림사에 있다.

지광국사智光國師(984~1067) 현묘탑玄妙塔

6.1m, 문화재청 © 김민규

고려시대 1085년(선종 2년)에 건립되었다. 팔각형의 기본적인 조형에서 벗어난 독특한 것으로, 조각이 정교하고 화려
하다.

신륵사神勒寺 보제존자普濟尊者 나옹화상懶翁和尙 부도

1.9m, 고려시대 말에 불교를 중흥하고 2천여 명의 제자들을 길러낸 고승의 납골당이다. 이 부도는 고려시대부터 나타
나는 형식으로서 인도의 산치탑과 같은 복발형 탑의 영향을 받은 것으로 생각된다.

◀ 백양사 소요逍遙대사(1562~1649) 태능太能 승탑(부도)

조선시대 1650년경, 1.58m

13세에 불문에 들어와 서산대사의 제자가 되었다. 몸돌이 종과 같이 생겼다. 몸돌 가운데에 문 모양을 만들고 소요당이라고 음각하였다. 상대와 하대, 4면의 연곽대는 범종과 닮았다. 연곽대 아래에는 두 마리 용을 새겼다. 부도를 범종 모습으로 표현하였다는 데에서 주목된다. 아래쪽 문양대에는 뱀, 용, 개구리, 거북, 원숭이, 게 등이 새겨져 있다.

▶ 연곡사鷰谷寺 소요대사 승탑(부도)

조선시대 1650년, 높이 3.6m

석가모니
붓다의 말씀

대부분의 종교는 그 종교의 본질을 담고 있는 경전을 가지고 있다. 하지만 종교마다 경전이 갖는 의미는 각기 다를 수 있다. 기독교는 성경이 기독교인들의 정체성을 보장하는 절대적인 기준이라고 주장하며, 이것을 인정하지 않는 사람은 기독교 신자라 할 수 없다는 입장을 취한다.

반면 불교에서는 기독교적인 경전의 개념이 없다. 불교에서는 여러 경전들을 "대장경大藏經"이라는 이름으로 총칭하여 사용한다. 불교 경전들은 붓다의 행적과 말씀을 담고 있다는 점에서는 성경과 비슷할지 모르나 경전의 존재 방식은 사뭇 다르다. 적어도 불교 신자 중에서 대장경의 이 방대한 문헌이 전부 붓다께서 직접 말씀하신 것이라고 믿는 사람은 아무도 없을 것이다. 붓다께서 직접 말씀하신 내용은 초기불교경전인 『아함경阿含經』, 그것도 이 경전의 일부에 지나지 않는다는 냉정한 평가도 있다.

예컨대 경전을 보면 "나는 이와 같이 들었다"는 뜻의 "여시아문如是我聞"이란 문구가 맨 앞부분에 자주 등장한다. 이는 붓다의 열반 후, 스승이 하신 말씀을 들은 제자들이 그 내용을 정리하면서, 처음 말씀을 들었을 때의 기억을 되살리는 분위기를 연출한 것이다. 때로는 "여시아문" 대신 "이와 같이 전해 들었다"는 뜻의 "여시전문如是傳聞"의 문구가 나오는데, 이는 붓다로부터 직접 듣지 않고 제 3자로부터 전해 들은 것이다. 따라서 여시아문에 비해 내용의 신뢰성이 떨어진다고 볼 수 있다.

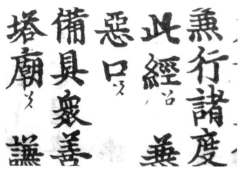

▲
서울 칠보사 목조불좌상 복장유물 – 법화경의 "여시아문如是我聞"

▼

진도 쌍계사 법화경 구결토口訣吐, 무량사본
한문을 읽을 때 문맥을 밝히기 위하여 넣는 구결토가 쓰여 있다.

성문 – 나주 다보사 영상전 가섭존자입상
조선시대 1625년, 수연守衍 작
명나라 왕기王圻의 『삼재도회三才圖會』(1609)
의 도상적인 영향을 받아 조성되던 조선시대
17세기 이후의 나한상들과 달리 전통적인 도
상을 따르고 있다.

　　석가모니 붓다의 말씀을 직접 들었던 10대 제자를 "소리를 듣는다"는
뜻의 성문聲聞(Śrāvaka)이라고 한다. 반면 붓다가 열반한 후 직접 듣지 못하
고 전해 들은 후 혼자서 공부하여 깨달은 사람을 "혼자서 깨달았다"는 뜻
의 독각獨覺이라고 하거나 혼자서 공부함으로써 말씀에 대한 이해가 한쪽
으로 치우쳐 있다는 뜻의 연각緣覺이라 한다. 연각이라는 의미 속에는 "가
장자리(연)", 즉 한쪽에 치우친 깨달음 외에 붓다의 연기법을 깨달았다는

뜻도 있다.[01]

　　붓다의 말씀은 글로 남기지 않은 불립문자不立文字였지만,[02] 제자들은 입으로 붓다의 말씀을 다른 사람들에게 전달했다. 이 구전口傳의 방법으로 장·단편의 시 형식인 게송偈頌이 이용되었다. 또한 보다 쉽게 기억하기 위하여 내용을 사성제四聖諦,[03] 팔정도八正道,[04] 십이인연十二因緣과 같이 4, 8, 12 등 몇 개의 특정한 숫자를 이용하기도 하였다. 초전법륜 때나 이후에

01　성문과 연각의 수행 목표는 아라한阿羅漢Arhat이 되는 것이다. 응공應供, 즉 마땅히 공양 받을 만한 사람이라는 뜻이다. 그러나 대승불교가 시작되면서 성문과 연각은 자리행自利行에 열중하고 이타행利他行을 하지 않는다고 비판을 받게 된다. 한편 대승불교 사상가 사이에서 이러한 평가 자체도 잘못된 것이라는 반성이 일어나기 시작한다. 붓다의 가르침은 같은 것인데, 각자의 근기(경험치)에 따라서 잘못 알아들었다는 것이다. 즉 붓다의 가르침은 일승一乘인데, 그것을 삼승三乘으로 구분하여 이해했다는 것이다. 이러한 사상은『법화경』과『화엄경』에서 강조하는 내용이다.

02　붓다의 가르침이 심오하여 언어로 표현하기 어렵기 때문에 불립문자다. 붓다의 열반 후, 제자들은 스승의 가르침을 기억하여 경전으로 엮었다. 중국, 우리나라, 일본 불교의 선종에서는 깨달음 자체가 중요하고 언어에 대한 부정적 견해를 피력하여 불립문자를 강조하였다. 아이러니하게도 그 강조가 지나친 나머지 불립문자의 중요성을 강조하는 또 다른 논저(문자)가 찬술되기도 하였다.

03　사성제四聖諦(cattāri-ariya-saccāni)는 고제苦諦(duḥkha-satya), 집제集諦(samudaya-satya), 멸제滅諦(nirodha-satya), 도제道諦(mārga-satya)다. 사제四諦(Satya)라고도 하며, "진리의 도리", "깨달음"이라는 뜻이다. 즉 인생의 문제와 그 해결 방법에 대한 네 가지의 깨달음을 말한다. 고제는 인생 자체가 괴롭다는 것을 깨달은 것인데, 태어나고 늙고 병들고 죽는 고통, 사랑으로 인한 고통, 마음으로 인한 고통, 소유욕으로 인한 고통, 여러 조건을 가짐으로써 생기는 고통을 깨달은 것이다. 집제는 고통의 원인이 집착으로 인해 생긴 번뇌라는 것을 깨달은 것이다. 욕심으로 인한 번뇌, 분노로 인한 번뇌, 어리석음으로 인한 번뇌가 고통의 원인이라는 것이다. 멸제는 고통이 소멸된 상태가 이상적인 세계임을 깨달은 것이다. 도제는 팔정도(여덟가지 올바른 실천)가 고통을 소멸하는 참된 진리이자 방법이라는 것을 깨달은 것이다. 이는 연기緣起(pratiya-samutpāda) 사상을 설명하는 방법이기도 하다.

04　팔정도八正道(aṣṭāṅgika-mārga)는 집착을 없애는 여덟 가지의 실천 방법으로서 올바른 견해(正見, sammā-diṭṭhi), 결단(正思惟, sammā-saṅkappa), 말(正語, sammā-vācā), 행위(正業, sammā-kammanta), 생업(正命, sammā-ājīva), 노력(正精進, sammā-vāyana), 생각(正念, sammā-sati), 선정(正定, sammā-samādhi)을 말한다.

오백나한도 - 제 170 혜군고존자
고려시대 1235~1236년, 비단에 채색,
세로54cm, 가로37.3cm, 국립중앙박물관

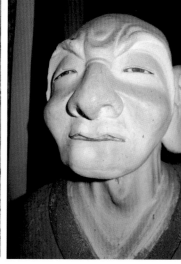

십육나한상
나주 다보사, 조선시대 1625년

말씀하신 내용을 기억으로만 정확하게 전달할 수 없었기 때문이다. 그러
나 문제가 생겼다. 제자들은 들은 바를 각기 다르게 이해하고 있었다. 결
국 결집結集(saṅgiti)이라는 서너 차례의 모임을 통하여 각자가 기억하고 있
던 내용들을 정리하기 시작했다.[05] 한사람이 기억해서 말하면, 여러 사람

---

[05] 첫 번째 결집은 석가모니 붓다의 열반 직후인 서기전 485년경에 가섭존자의 소집으로 이루어졌는데, 라
자그리하(왕사성) 교외의 칠엽굴七葉窟에서 500명의 비구가 모였으며, 이 때 경장과 율장이 마가다Magadha어
로 정리된다. 두 번째 결집은 열반한지 100년 후인 서기전 385년경에 바이샬리 수행비구들의 잘못된 관행
을 바로 잡기 위해 야사Yasas의 소집으로 바이샬리에서 700명의 비구가 모였는데, 이 때 경장과 율장이 수
정·보완되고 논장이 집대성된다. 이 잘못된 관행이란 재가신도들에게 금·은 등 재물을 보시 받는 행위로, 결
집에서는 잘못된 행동이라고 결정하였으나 바이샬리 수행비구들은 승복하지 않고 승단을 떠나서 대중부大
衆部가 된다. 사실 바이샬리의 상인들은 음식보다 돈을 보시하는 것이 덜 번거로운 일이었다. 세 번째 결집은
서기전 250년경 마우리아Maurya왕조(서기전322~185)의 아쇼카Ashoka왕 때(서기전 3세기 중엽) 수도 파트나(파탈
리푸트라)에서 목갈리푸타 팃사Moggaliputta Tissa의 주재로 1000명의 비구가 모였는데, 이 때 경장, 율장, 논장
등 삼장三藏이 완성된다. 네 번째 결집은 서기전 2세기 쿠샨Kushan왕조의 카니슈카Kaniṣka왕 때에 바수미트라
Vasumitra의 주재로 비구 500명이 모였는데, 이 때 삼장을 해석한 『대비바사론大毘婆沙論』이 찬술된다.

봉은사 판전板殿
조선시대 1856년 창건, 1878년 중수
경판을 보관하는 장경각藏經閣이자 예불하는 불전佛殿의 기능을 함께 지닌 건물로,
현판은 추사 김정희가 쓴 것이다.

판전 내부

들이 보충하는 방식으로 내용이 정리되어 나갔다. 평생 곁에서 수행했던
아난이 붓다가 말씀하신 대부분의 내용을 기억해 냈다. 그리고 그 내용(경
經Sūtra[06])을 핍팔라 나뭇잎에 적은 다음, 대나무로 만든 바구니 장藏(piṭaka)
속에 담았다. 이를 경장經藏(Sūtra piṭaka)이라고 한다. 붓다가 정한 계율戒律과
관련된 내용을 담아 놓은 것을 율장律藏(Vinaya piṭaka, 毘奈耶藏)이라 하며, 붓
다의 말씀을 풀이하거나 해석한 것을 논장論藏(Abhidharma piṭaka, 阿毘達磨藏)이
라고 한다. 이를 삼장三藏(tri-piṭaka)이라 하며, 여기에 정통한 스님을 삼장법
사라고 한다. 이 때의 경전을 패엽경貝葉經이라고 하는데, 이는 패엽 즉 핍
팔라 나뭇잎에 붓다의 말씀을 기록했기 때문이다.

사실 붓다가 하신 말씀은 지금까지 정리된 삼장 중에서 일부를 제외

06 수트라는 "실" 혹은 "줄"을 뜻한다. 고려시대 승려 의천義天(1055~1101)이 문종文宗(1046~1083 재위)에게 올
린 교장결집을 발원하는 상소문에 "붓다께서 경經을 설법하셨으니 논論은 경으로 인해 생겼고, 경은 논으로
인해 분명해졌습니다. 논은 소疏를 기다려 소통되었고…"라는 기록이 확인된다.

하고는 어떤 말씀을 먼저하고 나중에 하였는지, 어디까지가 직접 말씀하신 친설親說인지에 대해서는 정확하게 알 수가 없다. 대승불교시대에 교학(불교 이론)이 발전하면서 각 이론마다 붓다의 말씀에 대한 다른 견해가 대두되었다. 이 중 천태天台 교학에서는 『화엄경華嚴經』, 『아함경阿含經』, 『방등경方等經』, 『반야경般若經』, 『법화경法華經』, 『열반경涅槃經』의 순서로 붓다께서 직접 가르쳤다고 주장한다. 『화엄경』은 깨달은 후 21일간, 이후 가장 기초적인 불교 교리인 『아함경』은 12년간, 대승불교 입문인 『방등경』은 8년간, 공空 사상을 다룬 『반야경』는 21년간, 『법화경』과 『열반경』은 8년간 말씀하셨다고 한다.

그런데 불교학자들은 이들 경전의 선후 관계는 물론 직접 말씀하셨다는 데에 대하여 부정적인 입장이다. 그래도 천태 교학에서 붓다의 말씀이라고 주장하는 이들 경전을 간략하게 소개하면 이렇다. 『대방광불화엄경』(이하 『화엄경』)은 "크고(대) 반듯하고(방) 도량이 넓으며(광) 화려하게 장엄된(화엄)" 막 깨달음을 이룬 붓다의 모습에 대한 설명이다. 그 내용이 심오하여 보통 사람들의 경험치(근기根機)로는 쉽게 이해하기 어렵다. 『아함경』은 붓다의 말씀을 가장 많이 들었던 아난이 먼저 말하고 다른 제자들이 틀림없다고 중송重頌(재차 확인)한 내용이다. 『반야경』은 붓다의 가르침이 부파불교시대에 왜곡되면서 잘못된 것을 고치고 바른 진리를 드러내고자 나타난 대승불교시대의 가장 기본이 되는 경전이다. 즉 붓다의 열반 후 500년이 지나 『아함경』을 기초로 많은 대승경전이 나왔는데, 가장 초기에 성립된 경전이 600권으로 이루어진 『반야경』이었다. 『금강경』은 이 『반야경』 중에서 577부가 들어 있는 [능단금강분能斷金剛分]을 말한다. 사람들의 귀에 가장 익숙한 아미타불의 『아미타경』과 미륵불의 『미륵하생경』 등은 대승불교가 발전하는 과정에서 만들어진 것으로 석가모니 붓다가 직접 말씀하신 것은 아니다.

이러한 불교 경전은 대체로 서론(서분序分), 본론(정종분正宗分), 결론(유통분流通分)으로 구성된다. 서론에서는 경전이 육하六何원칙에 따라 누구에게(하인何人), 언제(하시何時), 어디서(하처何處), 무엇을(하사何事), 왜(여하如何), 어떻게(하고何故) 가르쳤는지에 대해 서술하고 있다. 이 육하원칙을 불교에서는 육성취六成就라고 한다.[07] 본론에서는 말 그대로 바르고(정) 근본(종)이 되는 경전의 핵심 내용이 들어 있다. 결론에서는 제자들로 하여금 본론의 내용이 후세에 널리 유통될 수 있게 당부하는 내용이 담겨 있다.

---

07 육성취는 붓다께서 언제 어디서 누구에게 깨달음을 가르쳤는지 들었다는 것을 구체적으로 서술하여 내용의 신뢰도를 높여주는 역할을 한다. 붓다의 열반 후 몇 백 년이 지나 찬술된 『법화경』, 『무량수경』 등 대승불교경전들이 이 육성취로 인해 석가모니 붓다께서 직접 말씀하신 것으로 사람들이 오해하기도 한다.

육성취
이와 같이(여시如是)   － 신성취(信成就)
나는 들었습니다(아문我聞) － 문성취(聞成就)
어느 때(일시一時)   － 시성취(時成就)
붓다께서(불佛)   － 주성취(主成就)
어느 곳에서(처處)   － 처성취(處成就)
여러 청중들이(제중諸衆) － 중성취(衆成就)

용문사龍門寺 대장전大藏殿 윤장대輪藏臺
조선시대 17세기 초, 높이 4.2m

윤장대는 "전륜경장轉輪經藏", "전륜대장轉輪大藏"이라고도 한다. 송나라 때 찬술된 『석문정통釋門正統』
[탑묘지塔廟志]에는 "중국 양나라 선혜대사善慧大師 부흡傅翕이 글자를 모르는 사람들이 한 번 돌리면 경전을
한 번 읽는 것과 같은 공덕을 쌓는다고 하였다"는 기록이 있다. 용문사 대장전은 고려시대 1173년(명종 3)
에 자엄대사資嚴大師에 의해 창건되었고, 조선시대 1621년에 크게 중수되었기 때문에 윤장대는 조선시대
17세기 초에 조성되었을 가능성이 높다. 경전을 그 속에 넣어 두고 필요할 때 돌려서 사용할 수 있도록 고
안된 회전용 책장이라고 볼 수 있다.

해인사海印寺 팔만대장경판

고려시대 1091년에 만든 재조대장경판再雕大藏經板으로서, 경판의 종은 1,516종이며, 그 수는 81,258매다. 대장경은 몽고의 침입으로 초조대장경판(1011년 제작)이 소실되자, 붓다의 원력으로 적을 물리치고자 16년의 세월에 걸려 완성한 것이다. 대장경의 대장은 큰 대나무 소쿠리를, 경은 붓다의 말씀을 뜻하여, 붓다의 말씀을 담은 그릇이라는 의미다. 원래 경판은 강화도성江華都城 서문西門 밖의 대장경판당大藏經板堂에 있었는데, 강화도 선원사禪源寺로 옮겨졌다가 조선시대 1398년(태조太祖 7) 5월에 해인사로 옮겨왔다. 이를 계기로 해인사는 법보法寶사찰이 되었다. 삼보사찰은 해인사와 함께 불보佛寶사찰 통도사, 승보僧寶사찰 순천 송광사다.

· 고려시대 초조대장경과 재조대장경은 중국 송나라 대장경의 영향을 받아 1행 14자로 구성되었으나 재조대장경 중 『화엄경』은 1행 17자이다.

· 조선시대 불경은 1471년 간경도감刊經都監의 폐지를 기준으로 큰 변화가 나타난다. 이전의 것은 대부분 왕실본 위주의 관판官板으로, 각선刻線도 선명하고 구성도 우수하다. 특히 1440년대 후반부터 솜씨 좋은 재가자와 도화서圖畵署의 화원畵員이 왕실본 각수刻手로 참여하고 명대 판화의 영향을 받아 회화성이 돋보이는 창의성을 갖춘 변상판화가 등장한다. 간경도감 폐지 이후 관판본보다 사간본寺刊本이 많아지면서 수준이 다소 떨어진다.

대방광불화엄경 수창년간판
고려시대 1098년, 세로 29.5cm, 가로 64.6cm

대방광불화엄경변상도
고려시대, 세로 26.5cm, 가로 70.5cm

광배,
빛으로 말씀하시다

스님들은 명상하면서 걷기를 좋아한다. 명상보冥想步라 하는 이 수행 법은 걸으면서 어떤 말씀도 하지 않지만, 보는 사람에게는 그 모 습 자체가 가르침으로 다가 오기도 한다. 혹은 고승들과 대면하면 침묵으 로 일관할 때가 있는데, 백 마디 말보다 더 큰 가르침을 얻는 경험을 체득 하게 된다.

석가모니 붓다는 깨달음을 이룬 후 녹야원에서의 첫 번째 설법부터 80세로 열반에 들기까지 많은 가르침을 주었다. 이때 붓다는 보다 특별한 방법을 사용하기도 했는데, 명상이나 침묵을 하듯 가만히 생각을 갖추면 몸에서 빛이 나고, 사람들은 이 빛을 받으면 무지無知에서 벗어나 깨달음 을 얻을 수 있었다. 이를 광명설법光明說法이라 한다. 물론 사람들이 그 빛 을 제대로 받기 위해서는 오랜 정진과 수행의 과정을 거쳐야만 한다. 석 가모니 붓다께서 말씀 중에 가만히 연꽃을 들어 올려 보이자 오직 가섭존 자만이 미소를 지었다는 염화시중의 이야기를 보아도 그렇다. 많은 사람 중에 연꽃의 의미를 유일하게 가섭존자만이 알아차릴 수 있었던 것은 그 만이 받아드릴 수 있는 근기根機(경험치)를 갖추고 있었기 때문이다.

붓다는 태어나면서부터 열반에 이르는 순간까지 항상 몸에서 일정한 크기의 빛, 즉 상광常光이 나타났으며, 때로는 보다 찬란한 광명을 내 보였 다고 한다. 이러한 빛은 발아래부터 시작되어 무릎, 음장(성기), 배꼽, 명치, 양손, 머리, 입, 혀, 백호, 모공毛孔 등에서 나타난다. 붓다의 몸에서 나오는

용문석굴 뇌고대중동 주존
당 7세기 말. 양쪽 어깨 위에는 인도 광배에는 없는 해와 달이, 양옆에는 말 탄 사람이 표현되어 있다.

모든 빛, 불광佛光을 그림과 조각으로 표현한 것이 광배光背다.[01] 광배는 붓
다를 둘러싸고(배) 있는 빛(광)이라는 뜻이다. 광배는 기본적으로 빛을 나
타내는 화염문火焰文, 붓다께서 말씀하실 때 하늘에서 꽃비가 내린 것을 표
현한 화문花文, 붓다의 말씀을 듣기 위해 시방十方[02]에서 모여 든 여러 붓다
인 화불化佛 등으로 꾸며진다.

01 광배는 원래 왕좌王座 뒤쪽을 장식하는 배경을 2세기 후반 인도 불상에서 차용하면서부터 시작되었다.
인도 초기의 광배는 태양과 같이 원형이나 방사선식으로 표현되었으나, 5세기 후반이 되면 다양한 문양으
로 꾸며지기 시작한다. 문양들은 불교적인 것과 그렇지 않은 것으로 나뉜다. 연꽃과 화불化佛은 불교적인 것
이며, "바다", "태양", "대지"를 상징하는 전통적인 도상들은 비불교적인 것이다. 연꽃은 석가모니 붓다가 전
생에 유동儒童보살일 때 던졌던 다섯 송이의 연꽃이 연등불燃燈佛의 어깨 위에 내려 앉았다는 본생담本生譚과
관련되며, 화불은 세상 어디에나 존재한다는 붓다의 관념이 표현된 것이다. 전통적인 도상으로는 대해大海를
상징하는 전설적인 물고기 마카라Makra, 태양을 뜻하는 바라카Vyalaka(사자의 몸에 산양山羊의 머리를 한 괴수), 대
지大地를 뜻하는 코끼리 등이 있다.
02 시방은 동남서북의 사방四方, 네 방향 사이의 사유四維, 상방과 하방으로, 온 우주라는 뜻이다.

북

서

동

남

예천 용문사 목각아미타여래설법상
조선시대 1684년, 세로 265.5cm, 가로 218cm

보통 우리는 광배를 이야기할 때 세워진 모습 그대로 아래쪽과 위쪽이 어떻고, 왼쪽과 오른쪽이 어떤지 하면서 설명한다. 실상 광배는 불상의 뒤쪽에 세워져 있지만, 상하좌우보다 시방에 비친 붓다의 광명을 뜻한다. 조선시대 1684년에 경상북도 예천 용문사에서 만들어진 목각아미타여래설법상의 주존 광배에는 그것을 증명이라고 하듯이 팔괘八卦 형식으로 각 방향이 표시되어 있다. 즉 광배의 오른쪽 아래부터 위로 올라가면서 남, 서남, 서, 서북이, 왼쪽 위에서 아래로 내려오면서 북, 동북, 동, 동남이 표현되어 있어서 광배의 오른쪽 아래가 남쪽 방향이 되고 왼쪽 위가 북쪽 방향이 되는 것을 알 수 있다. 이를 통해 그저 돌과 금속으로 만들어진 광배지만 그 속에는 우주에 충만한 붓다의 광명설법이 있다는 것을 읽을 수 있다.

우리나라의 광배 중에서 백미는 석불사石佛寺(석굴암) 불좌상의 광배다. 비록 석굴 벽면에 두광頭光 만을 새겼지만, 광배 본연의 상징적 의미를 잘 드러내고 있다. 즉 붓다의 말씀이 원만하다는 것을 나타내기 위해 둥글게 만든 다음, 광심光心(광배 중앙) 부분을 섬세하게 다듬었다. 광배와 그 주변의 돌은 다 같은 화강암이지만, 매끈하게 다듬어진 광배와 달리 주변은 표면을 거칠게 쪼아 빛을 빨아 들임으로써 광배의 빛나기를 더욱더 밝게 해 준다. 석굴 속으로 들어온 태양 빛이 우선 광배를 비추면, 광배에서는 그 반사광이 마치 붓다의 말씀처럼 석굴 속을 가득 채운다. 다시 그 빛은 밖으로 흘러나가 굴 앞에서 예불하던 사람에게 붓다의 말씀(깨달음)을 전해 준다.

석불사 불좌상
통일신라시대 8세기 중엽, 3.4m

석불사 전경

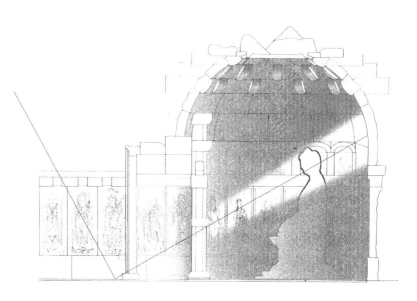

석불사 조명방법

세상은
연꽃 속에

브라흐만 수행자의 요가 수행과 사문의 고행을 경험한 후 보드가야 보리수 아래에서 깨달음을 이룬 붓다는 명상(삼매) 속에서 연화장세계蓮華藏世界를 관조觀照하였다. 붓다가 명상 속에서 본 이 세계는 어떤 모습일까? 연화장세계란 말 그대로 거대한 연꽃[01] 속에 담겨 있는 세계다. 이 세계는 불교적 관점에서 우주의 모습을 그려낸 것으로, 『화엄경』 속에 구체적으로 기록되어 있다.

연화장세계는 현실에 있는 것이 아니라 붓다의 삼매(생각) 속에 펼쳐진 세계다. 막 깨달음을 이룬 석가모니 붓다는 보리수 아래에서 일곱 개의 장소를 옮겨가며 여덟 번 혹은 아홉 번에 걸쳐 깨달은 붓다의 모습이 어떤지, 그 붓다가 있는 연화장세계가 어떤 곳인지를 말씀하신다. 60권 『화엄경』에서는 여덟 번, 80권 『화엄경』에서는 아홉 번 설법했다고 기록되어 있다. 이를 불화로 그리면 각각 칠처팔회도七處八會圖, 칠처구회도[02]가

01 연꽃은 불교를 상징하는 꽃으로 알려져 있지만, 이미 고대 서양에서는 그 모습이 태양과 닮았다고 해서 "태양의 꽃"으로 여겼고, 씨앗을 많이 품고 있어 "생명의 꽃"으로 인식되었다. 또한 고대 이집트에서는 저녁에 오므라들고 아침에 다시 피기 때문에 "재생"과 "영원한 생명"을 상징하는 것으로 여겼다. 불교에서는 연꽃이 더러운 흙탕물 속에서도 맑고 깨끗함을 간직하는 특징으로 인해 혼잡한 사바세계에서도 청정함을 지켜낸 붓다를 비유하는 꽃으로 간주되었다.

02 칠처구회는 붓다가 일곱 장소에서 설법했던 아홉 번의 모임이다. 보광법당회普光法堂會에서 설법을 세 번 했기 때문에 장소는 일곱 곳이지만 모임은 아홉 번이 된다. 이는 80권본 『화엄경』에 근거한 것이며, 60권본 『화엄경』에서는 칠처팔회라고 되어 있다. 1회 적멸도량회寂滅道場會(석가모니 붓다가 정각正覺을 이룬 보리도량菩提道場의 모임), 2회 보광명전회普光明殿會(문수文殊보살이 주재하는 모임으로 십신十信에 대해 설법함), 3회 도리천궁회忉利天宮會(법혜法慧보살이 주재하는 모임으로, 십주十住에 대해 설법함), 4회 야마천궁회夜摩天宮會(공덕림功德林보살이 주재하는 모임으로 십행十行에 대해 설법함), 5회 도솔천궁회兜率天宮會(금강당金剛幢보살이 주재하는 모임으로, 십회향十廻向에 대해 설법함), 6회 타화자재천궁회他化自在天宮會(금강장金剛藏보살이 주재하는 모임으로 십지十地에 대해 설법함), 7회 보광명전중회普光明殿重會(다시 보광명전에서 보현보살이 주재로 모임), 8회 보광명전삼중회普光明殿三重會(또다시 보광명전에서 보혜普慧보살의 주재로 모임), 9회 중각강당회重閣講堂會(사위성 서다림逝多林의 기원정사祇園精舍에서 행해진 모임)가 그것이다.

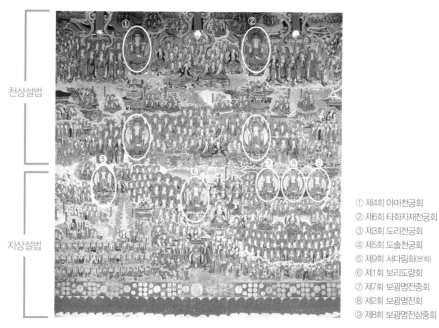

천상설법

지상설법

① 제4회 야마천궁회
② 제6회 타화자재천궁회
③ 제3회 도리천궁회
④ 제5회 도솔천궁회
⑤ 제9회 서다림회(본회)
⑥ 제1회 보리도량회
⑦ 제7회 보광명전중회
⑧ 제2회 보광명전회
⑨ 제8회 보광명전삼중회

송광사칠처구회도松廣寺華嚴七處九會圖
1770년, 비단에 채색, 세로 281cm, 가로 255cm, 송광사 성보박물관
조선시대 청허淸虛 휴정休靜(1520~1604)이 주창한 선과 교학, 염불, 즉 삼문三門을 공부하는 강원에서 최
고의 경전으로 『화엄경』이 다뤄지면서 경전의 내용을 설명하기 위한 불화들이 그려졌다. 즉 불교 의식을
위한 목적이 아니라 막 출가한 강원의 학인들에게 경전의 내용을 보다 쉽게 설명하기 위해 그려진 것이다.

된다. 지금 보드가야의 마하보리사 대탑과 보리수 주변에는 석가모니 붓
다가 설법했던 일곱 개의 장소를 기념하는 표식들이 남아 있다. 그런데
붓다가 삼매 속에서 일곱 장소를 옮겨가며 설법한 것을 어떻게 현실의 장
소라고 특정할 수 있었을까? 이제 우리는 대승불교경전인 『화엄경』이 석
가모니 붓다가 직접 말씀하신 것이 아니라는 것과 이 경전이 성립되는 과
정에서 육성취의 하나인 처(장소)성취로서 붓다가 깨달음을 이룬 마하보
리사가 선택되었다는 것을 충분히 짐작할 수 있다.

붓다가 삼매 속에서 펼쳐 보인 연화장세계는 크게 세 개의 세계로 이루어져 있다. 욕망과 집착이 끊임없이 생기는 세계로, 육도윤회六道輪廻의 육도에 속해 있는 욕계欲界(kāma-dhātu), 욕망과 집착은 끊어졌으나 여전히 물질과 육체가 남아 있는 색계色界(rūpa-dhātu), 욕망과 집착을 일으키는 물질과 육체마저 사라진 정신 세계인 무색계無色界(arūpa-dhātu)가 그것이다. 이 삼계三界(삼유三有)로 이루어진 불교의 세계가 거대한 연꽃 속에 들어 있어서 연화장세계라고 한다. 물론 연화장의 "장"은 대장경의 "장"과 같이 담는다는 뜻이다.

세계의 밑바닥에는 풍륜風輪이 있고, 그 위에 커다란 연꽃이 있다
연꽃 속에는 향수의 바다, 향수해香水海가 있다
이 꽃이 머금고 있는 세계가 연화장세계다(『화엄경』, 『범망경梵網經』)

남섬부주지도南贍部洲地圖
종이, 세로 83.5cm, 가로 46cm, 국립중앙박물관
명나라 1613년에 간행된 『도서편圖書編』에 수록된 것을 조선후기에 모사한 것이다. 남섬부주가 원래 위쪽이 넓고 아래쪽이 좁은 인도 모습이라는 것을 감안한 듯 지도도 삼각형에 가까운 형태이지만, 그 내용은 중화사상에 의거해 중국 중심으로 그려진 것이 특징이다.

거대한 연꽃 속은 향수香水로 이루어진 바다이며, 그 바다 중심에는 수미산須彌山(Sumeru)이 우뚝 솟아 있다. 이 산은 네 개의 섬으로 둘러싸여 있는데, 우리 인간들은 남쪽에 있는 섬부주贍部洲에 살고 있다. 삼계는 수미산을 중심으로 이루어진다. 욕계는 지옥계地獄界, 아귀계餓鬼界, 축생계畜生界, 아수라계阿修羅界(asura), 인간계人間界, 천상계天上界의 여섯으로 나뉘는데, 이 여섯 세상에서 나고 죽는 것을 반복하는 것이 육도윤회다.[03]

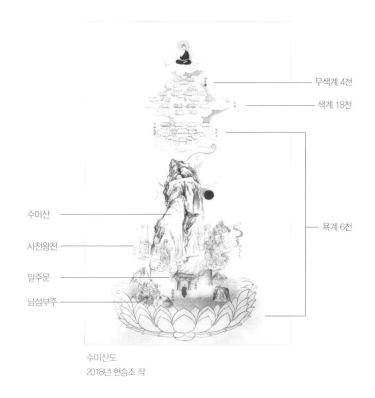

수미산도
2018년 현승조 작

무색계 4천
색계 18천
욕계 6천
수미산
사천왕천
일주문
남섬부주

---

03 육도란 여섯가지 길이라는 뜻이다. 천, 인, 아수라, 축생, 아귀, 지옥이 그곳이다. 아수라는 깊은 판단력과 이해력이 없어서 선악을 제대로 구별하지 못하고 항상 분노에 차 있는 중생이다. 축생은 깊은 판단력과 이해력이 없어 본능을 따르는 중생이다. 아귀는 굶주린 중생이자 본능적 욕구가 가득한 중생이다. 해인사 원당암願堂庵 아미타불좌상의 불상복장기문佛像腹藏記文(1694)에는 칠취삼도七趣三途라는 표현이 들어 있는데, 이는 육도 외에 신선의 단계를 하나 더 첨가한 것이다. 조선시대 불교의 윤회 관념을 살필 수 있다는 점에서 주목된다.

121

욕계에도 좋고 나쁨이 있으나 실제 천상계를 제외하고 지옥계부터 인간계까지는 공존한다고 볼 수 있다. 우리 주변에서 볼 수 있는 여러 동물들이 인간계와 축생계가 공존하고 있음을 증명해 준다. 그렇다면 욕계 중에서 인간계까지는 아직 수미산에 접근도 하지 못하고 섬부주에 있는 셈이 된다.[04]

천상계는 다시 여섯 개의 하늘나라로 이루어져 있어서 욕계 육천[05]이라고 한다. 이들 천상은 수미산 중턱부터 시작된다. 수미산 중턱에는 사천왕四天王(Lokapala)이 다스리는 하늘 나라, 사천왕천四天王天이 동남서북에 걸쳐 있다. 사천왕은 동쪽의 지국천왕持國天王(Dhrtarastra, 提頭賴咤天王), 남쪽의 증장천왕增長天王(Virudhaka, 毘樓勒叉天王), 서쪽의 광목천왕廣目天王(Virupaksa, 毘樓博叉天王), 북쪽의 다문천왕多聞天王(Vaisravana, 毘沙門天王)이다. 수미산 꼭대기에는 제석천帝釋天(Sakrodevandra, 釋提桓因陀羅)이 다스리는 하늘 나라 도리천忉利天(Trāyastrimśa)이 있다. 도리천은 33개의 하늘 나라로 이루어져 있으며, 그 중심에 제석천궁帝釋天宮이 있다. 그 위에는 미륵보살이 계시는 도솔천兜率天 등 욕계에 속하는 네 개의 하늘 나라가 있으며, 모두 합하면 여섯 개의 하늘 나라가 되는데, 이를 욕계 육천이라 한다.

사람이 죽어 천상에 태어난다는 곳이 바로 이 욕계 육천이다. 마야부인은 죽은 후 도리천에 태어났다. 욕계 육천 위로는 색계에 속하는 열여덟개의 하늘 나라 색계 십팔천이, 다시 그 위에는 무색계에 속하는 네 개

---

04 고려시대 1274년에 개금한 개운사開運寺 목조아미타불좌상에서 발견된 중간대사원문中幹大師願文에 "남섬부주 고려국南贍部洲 高麗國"이라는 명문이 확인된다.

05 욕계 육천은 수미산 중턱의 사천왕천, 꼭대기 위쪽의 도리천忉利天, 야마천夜摩天, 도솔천兜率天, 화락천化樂天, 타화자재천他化自在天을 말한다. 야마Yama천의 야마는 사람 중 처음으로 죽어 죽은 사람의 나라에서 왕이 되었는데, 염마대왕閻魔大王으로 이름이 바뀐다. 도솔천은 인도 신화와의 관계가 분명하지 않으며 다음 생에 붓다가 될 보살들이 대기하는 곳이다. 화락천化樂天은 자기 모습을 바꾸면서 놀기만 하는 곳이며, 타화자재천他化自在天은 마음대로 다른 사람의 운명을 좌지우지할 수 있는 신들의 하늘나라다.

사천왕사지와 선덕왕릉

의 하늘 나라 무색계 사천이 있어 수미산 중턱부터 모두 28개의 하늘 나라가 있는 것이다. 해와 달은 수미산의 양옆에 떠 있다고 생각하였다. 이것이 바로 붓다께서 깨달음을 이룬 후에 관조했던 연화장세계다.

경주 남쪽에 낭산狼山이 있다. 산 아래에는 명랑明朗법사가 문두루文豆婁 비밀법으로 당나라 군을 물리치기 위하여 건립했다는 사천왕사四天王寺의 절터가 아직도 남아 있다. 그 산 꼭대기에는 도리천녀忉利天女의 무덤이 있다. 선덕여왕善德女王(632~647 재위)의 무덤이다. 『삼국유사』에는 선덕여왕이 자신을 도리천에 묻어 달라고 했다는 기록이 있다. 신하들은 낭산을 수미산으로 생각하고 그 정상, 즉 도리천에 해당되는 곳에 선덕여왕의 무덤을 만들었다. 또한 그 중턱을 사천왕천이 있는 곳이라고 여겨 사천왕사를 건립하였다. 사천왕사가 679년에 조성되었으니 적어도 이 때부터 신라 사람들에게 수미산의 관념이 어느 정도 자리잡고 있었음을 짐작할 수 있다.

그럼 우리나라 절에서는 언제부터 연화장세계의 관념이 가람 배치 속에 적용되었을까? 추측컨대, 통일신라시대 9세기부터 이러한 세계가 구현되었을 가능성이 높다. 절에서 사천왕문(천왕문)이 세워지던 시기, 혹은 불탑의 몸돌에 사천왕상이 새겨지던 때일 것이다. 그래서 연화장세계 관이 그대로 가람 배치에 녹여 들어간 것은 산지가람山地伽藍이 시작되던 통일신라시대 9세기라고 할 수 있을 것이다.[06]

06　초기적인 형태지만 연화장세계를 구현한 대표적인 곳은 통일신라시대 8세기 중반에 조성된 불국사다. 불국사를 조성했던 김대성金大城은 표훈表訓에게, 표훈은 의상義湘(625~702)에게, 의상은 중국 당나라 승려 지엄智儼(602~668)에게 화엄 사상을 배웠다. 통일신라시대 8세기 중반의 불국사는 청운교青雲橋·백운교白雲橋를 통해 올라가는 연화장세계와 칠보교·연화교를 통해 올라가는 미타정토의 2개의 원院으로 이루어진 구조였다. 불국사 가람배치가 화엄사상적인 배경을 지니고 있다는 것은 의상과 표훈, 김대성으로 이어진 지엄의 불교 세계관을 통해 알 수 있다. 지엄은 입적하기 전에 미타정토에 잠시 머물렀다가 연화장세계로 나아가겠다고 제자들에게 말하였는데, 이러한 생각이 이들에게 이어져 불국사 가람배치로 나타난 것이다.

불국사

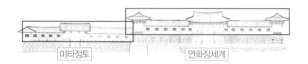

용주사 연풍교 돌기둥
여기서는 "도차문래到此門來 막존지해莫存知解"라고 새겨져 있다.

이 문에 들어오면

기존에 알고 있던 생각을 버려라

입차문래入此門來

막존지해莫存知解

일주문一柱門의 주련에 많이 보이는 글귀다. 비록 오래되지 않았지만,
수원 용주사龍珠寺 절 입구 연풍교蓮豊橋 양쪽의 돌기둥에도 이 글귀가 새
겨져 있다. 사바세계에서 가지고 있던 분별하는 생각, 모든 편견을 버리고
붓다의 세계로 들어오라는 이야기다.

해인사 일주문

사실 연화장세계를 적나라하게 묘사한 『화엄경』에는 일주문에 대한 단 한마디의 언급도 없다. 한 개의 나무 기둥을 양옆에 세워 지붕을 떠받친 이 독특한 문은 우리나라 절에서만 발견된다.

가야산 해인사 일주문에는 잠깐 생각을 머물게 하는 이런 내용의 주련이 있다.

지나온 천겁[07] 세월 옛 아니듯
만년이 흘러가도 오늘 이 자리

역천겁이불고歷千劫而不古
궁만세이장금亘萬歲而長今

절에 들어서기 전, 붓다를 만나러 가는 지금 바로 이 순간이 얼마나 소중한 지를 일깨워 주는 글귀다. 그래서 일주문은 사람들이 사는 사바娑婆(Sahāloka, Sahā, Sabhā)세계와 붓다의 세계를 경계 짓는 문이자 기존의 관념을 허무는 경계의 문이라고 할 수 있다. "인고忍苦의 땅"이라는 사바세계에서 사람들은 십악十惡[08]을 참고 견디며 살아갈 수밖에 없다. 잠시라도 그

---

07 겁劫(kalpa)은 "헤아릴 수 없는 시간"을 뜻한다. 1겁은 사방 40리里나 되는 거대한 바위를 천인天人이 3년에 한 번 씩 내려와 깃털 옷으로 스쳐서 마모되어 없어지는 세월을 말한다.
08 몸(身신), 입(口구), 마음(意의)의 삼업三業과 관련되는 10가지 죄악(살생, 도둑질 등)을 말한다.

곳에서 벗어나고자 찾는 곳이 바로 일주문 안 붓다의 세계다.

오래된 절들은 이 문을 지나 올라가면 으레 천왕문天王門(사천왕문)이 나오며, 다시 이곳을 지나서 가다 보면 붓다가 계시는 불전佛殿에 이른다. 이와 같이 우리나라 절은 기본적으로 일주문, 천왕문, 불전으로 이루어져 있다. 그렇다면

무위사 천왕문에서 바라본 불전(극락전)

일주문은 연화장세계의 어디쯤 있을까? 아마 수미산 입구에 있을 것이다. 사천왕이 지키는 천왕문이 수미산 중턱에 있는 것을 보면, 산이 시작되는 지점이 바로 일주문이 서 있는 곳이다. 그렇다면 수미산 정상에 있는 도리천과 그 위의 천상 세계는 불전이 된다. 그곳이 도솔천이라면 미륵전이 될 것이고, 서방극락정토라면 극락전이나 무량수전이 될 것이다.

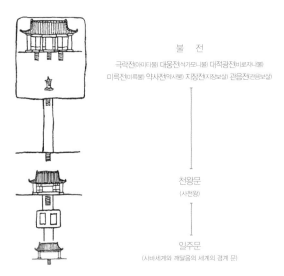

불　전
극락전(아미타불) 대웅전(석가모니불) 대적광전(비로자나불)
미륵전(미륵불) 약사전(약사불) 지장전(지장보살) 관음전(관음보살)

천왕문
(사천왕)

일주문
(사바세계와 깨달음의 세계의 경계 문)

일주문, 천왕문, 불전의 위치

127

때론 절 자체가 연꽃 속에 놓여 연화장세계를 표현한 경우도 있다. 전라북도 남원南原의 실상사實相寺 절 마당에 서서 사방을 둘러보면 온통 산으로 둘러싸여 있는데, 그 모습이 마치 거대한 연꽃 속에 놓여 있는 듯하다. "실상"이라는 절 이름이 말해 주듯 상相을 떠난 자리이자 적멸의 자리인 연화장세계라고 밖에 달리 표현할 말이 없다.

물론 모든 절에 연화장세계가 구현된 것은 아니다. 미륵불의 하생下生 사상을 배경으로 하는 전라북도 익산의 미륵사彌勒寺나 아미타불의 극락 정토와 관련되는 전라남도 강진의 무위사無爲寺 등 절 마다의 각기 다른 사상과 신앙을 반영하는 경우도 많다.

한편 전각의 배치와 전각 속의 불교 미술로 십계十界[09]를 표현하기도 하였다. 지옥, 아귀, 축생, 아수라, 인간, 천신天神, 성문聲聞, 연각緣覺, 보살菩薩, 불佛을 불단佛壇, 신중단神衆壇, 영단靈壇으로 나누어 전각에 봉안하였다. 불단에는 불상과 보살상을, 신중단에는 불법佛法을 수호하는 신중神衆을, 영단(영가단)에는 죽은 사람의 영가를 봉안한다. 전각 속에 걸려 있는 불화에서 이러한 3단 신앙을 읽을 수 있다. 영산회상도, 아미타불설법도, 비로자나불설법도 등 불화는 전각의 주인인 불상의 후불 탱화로 걸리며, 불상 한쪽 벽면에는 신중과 관련된 신중도가, 다른 쪽 벽면에는 영가와 연관되는 감로도甘露圖가 걸린다. 영가단에는 감로도 외에 수륙재水陸齋와 관련되는 삼장보살도, 예수재預修齋와 연관되는 지장시왕도, 18세기 이후에 유행

---

09 십계十界는 대승불교 세계관의 하나다. 아래로부터 지옥地獄, 아귀餓鬼, 축생畜生, 아수라阿修羅, 인人, 천天 (또는 천중神衆), 성문聲聞, 연각緣覺, 보살菩薩, 불佛이 있는데, 지옥에서 천까지는 윤회의 공간이기 때문에 육취六趣라고 하고 나머지는 해탈한 존재로 보아 사성四聖이라고 한다. 또한 지옥에서 아수라까지는 전생의 악업에 의한 악취惡趣의 4단계로서 불행한 존재로 인식된다. 인간부터는 선업에 의한 선취善趣의 단계로 본다.

십계 十界									
사성四聖 (해탈한 존재)				육취六趣 (윤회하는 존재)					
불	보살	독각(연각)	성문	천(신중)	인간	아수라	축생	아귀	지옥
선취 善趣						악취 惡趣			

128

천은사泉隱寺 극락보전
조선시대 1774년에 창건한 후 2년 뒤인 1776년에 신암信菴, 회연華演 등이 그린 아미타후불탱화와 삼장보살도를
봉안하였다.

천은사 극락보전 내부
저각 정면의 붊두에는 아미타불회도가, 그 우측 벽면의 신중단에는 신중도, 좌측 벽면의 영가단에는 삼장보살도가
걸려 있다.

조선시대 진묵대사震黙大師(1563~1633) 소전小傳에 어머니의 재를 올리는 내용 중에 상단을 마치고 하단을 파한다
("상단료 하단파上壇了 下壇罷")는 기록이 있는데, 조선시대 불화에 기록된 상단불탱이니 하단불탱이니 하는 것과 일치
한다.

하는 현왕도現王圖 등의 불화가 걸리기도 한다.

한편 불상 대좌를 수미좌須彌座라고 하는 것은 붓다가 수미산 위 천상세계의 불전(천궁)에 앉아 있기 때문이다. 간혹 불상의 대좌를 연화좌蓮華座나 사자좌獅子座라고도 하는데, 연화좌는 수미산을 담고 있는 거대한 연꽃에서 비롯되었으며, 사자좌는 붓다의 모습과 말씀의 소리가 동물의 왕 사자와 같다는 비유에서 연유되었다. 실제로 사자좌를 강조하기 위하여 뚝섬 출토 금동불좌상(10쪽)과 같이 대좌 양옆에 사자를 표현하기도 하였다. 그런데 대좌가 어떤 식으로 만들어지든 어떤 문양으로 꾸며지든 간에 불상 대좌의 기본적 관념은 수미좌다. 경전에서 미륵보살이 앉아 있는 대좌를 사자좌라고 하더라도 수미산 위 도솔천에 있음으로 수미좌라 해야 하는 이유도 여기에 있다.

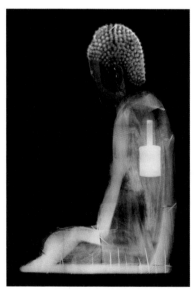

후령통 – 진주 월명암 목조아미타불좌상
조선시대 1612년, 82.4m

130

진도 쌍계사 목조석가모니불삼존상
조선시대 1665년

진도 쌍계사 후령통

진도 쌍계사 후령통
조선시대 1665년
후령통을 감싼 황초폭자黃綃幅子에 푸른색, 붉은색,
흰색, 검은색으로 동, 남, 서, 북의 방향이 쓰여 있다.

    수미산의 관념은 비단 불상 대좌만이 아니라 불상 자체에도 들어 있다. 『조상경造像經』에 의하여 불상이 조성될 때, 몸속에 마치 생명을 불어넣듯이 복장물腹藏物을 넣는다. 이 중 목과 가슴 부분에 배치되는 후령통喉鈴桶에 수미산의 관념이 들어 있다. 대부분 원통형인 후령통에는 반원경半圓鏡, 삼각경三角鏡, 원경圓鏡, 방경方鏡을 상징하는 반원형, 삼각형, 원형, 방형의 작은 금속편이 동남서북 방향에 묶여 있다. 곧 수미산을 둘러싸고 있는 네 개의 섬 형태를 하고 있어 이것이 불상 속에도 수미산의 관념이 들어 있음을 알려 준다. 우리 인간들이 사는 섬부주는 남쪽 방향에 배치되는 삼각경으로 표현되었는데, 고대 인도 사람들은 그들이 사는 인도가 인간 세상의 전부라고 여겼고, 그 형태가 인도 지도와 같은 역삼각형 모습이라고 생각하였다.

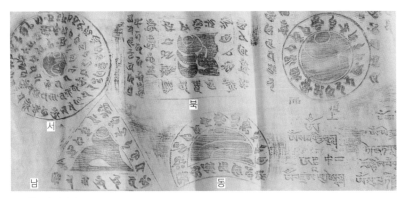
서울 칠보사 다라니
조선시대. 다라니의 문양 형태도 반원형, 삼각형, 원형, 방형을 하고 있다.

한편 승려들의 납골처인 부도에도 수미산 관념이 반영되어 있다. 통일신라시대 868년에 조성된 쌍봉사雙峰寺 철감선사澈鑒禪師 부도 등 통일신라 말기의 부도에서 수미산의 관념이 선명하게 표현된 것을 볼 수 있다. 부도 기단에는 이곳이 천상 임을 알려주듯 구름이 사실적으로 조각되어 있고 몸통에는 수미산 중턱의 사천왕천임을 나타내듯 사천왕상이 돋을새김으로 표현되어 있다.[10]

---

10   원래의 위치에 남아 있는 부도들은 대부분 동남서북 방향에 맞춰 정확하게 놓여 있다. 부도 몸통에 새겨진 사천왕 중 불탑을 든 다문천왕을 통하여 그곳이 북쪽 방향 임을 알 수 있다.

쌍봉사 철감선사탑
통일신라시대 868년경, 2.3m
철감선사 도윤의 탑이다.

청주 용두사龍頭寺 절터 철당간
고려시대 962년, 12.7m
당간에 새겨진 [용두사철당기龍頭寺鐵幢記]에 의하면, 30단의 철통鐵筒을 쌓아올린 60척 높이였다고 하나 현재 20단만 남아 있다. '당간은 불문佛門을 장식하는 옥표이며, 번개幡盖는 보전寶殿을 장식하는 신령스러운 깃발이다'고 기록되어 있다.

우리나라 가람 배치

우리나라 산지가람은 일주문一柱門, 불이문不二門, 해탈문解脫門, 금강문金剛門, 회랑, 금당, 강당을 정연하게 배치하는 평지가람과 달리 산의 지형에 따라 배치된다. 산지가람은 선종의 칠당가람제七堂伽藍制를 기초로 구성된다. 칠당가람이란 산문山門, 불전佛殿, 강당講堂, 방장方丈, 식당食堂, 욕실浴室, 동사東司(화장실)를 말한다. 대부분 계단식 가람 구조여서 건물과 건물을 연결하는 회랑이 없는 것이 특징이다.

중국에서는 인도 승려들이 처음 왔을 때, 영빈관迎賓館이던 홍려시鴻廬寺 등에 머물게 하였다. 이후 이것이 외국 승려들이 거주하는 공간으로 바뀌게 되어 초기 사원의 역할을 하게 된다. 중국과 우리나라에서 승려들이 머물며 예불하던 공간을 사寺(절)라고 한 것은 홍려시의 시寺를 사로 읽었기 때문이다.

인도와 중앙아시아에서 온 승려들이 점점 많아지면서 당시 독실한 불교도였던 부유한 귀족들은 자신의 집을 기증하여 그들을 머물게 하였다. 외관상, 고급 주택과 다를 바 없던 이러한 절은 불교적 종교 공간 임을 나타내기 위해 탑塔을 세웠다. 초기의 절을 부도사浮屠寺, 즉 탑(부도)이 있는 사원이라고 부른 배경도 여기에 있다. 중국의 초기 사원에서 탑이 가람 배치의 중심이 된 것도 다 이러한 이유 때문이다. 물론 이 때 받아 들였던 불교적 성격도 한몫 하였다. 즉 인도의 초기불교나 부파불교가 아니라 대승불교를 처음부터 수용했기 때문이다. 대승불교는 불탑 주변에 모인 재가자들을 중심으로 발전한 불교로, 당연히 불탑이 차지하는 의미는 불상 그 이상이었다.

이러한 사정은 우리나라도 비슷했다. 지금이야 절이 대부분 산 속에 있으나 불교 전래 초기에는 요즘 교회와 같이 사람들이 모여 사는 마을에 있었다. 불교가 처음 우리나라에 들어왔을 때, 이 낯선 종교의 포교를 위해서는 사람들과 함께 해야 했으므로 일반 주택을 개조하여 절로 사용했을 것이다. 신라에 불교를 전한 고구려 묵호자墨胡子가 모례毛禮의 집(지금의 경상북도 구미)에 숨어서 포교했다는 『삼국유사』의 기록은 구미 지역의 부호이자 새로운 종교에 마음이 끌린 모례가 제공했던 주택에서 신라 불교가 시작되었음을 암시해 준다. 어느 정도의 시간이 지난 후에야 절은 비로소 붓다를 모시는 공간으로서 면모를 갖추게 된다. 불교 전래 초기에 고구려, 백제, 신라의 수도인 평양, 한성(서울), 경주에 세워진 절들은 평지에 건립되었다. 산과 구릉에 세워진 산지가람山地伽藍이 아니라 평지가람들이었다.

신라의 수도 경주의 황룡사黃龍寺가 평지가람의 대표적인 예다. 『삼국유사』에는 궁궐을 만들기 위해 땅을 파자 황룡이 나왔고, 이에 절로 용도 변경하여 황룡사를 조성하였다는 기록이 있다. 574년, 장육불상丈六佛像을 모시기 위한 금전金殿(금당)을, 645년에는 그 앞에 225척(약 90미터)에 달하는 구층목탑을 세웠다. 이처럼 방대한 규모의 절을 건립하기까지는 하루 이틀 걸린 것이 아니었다. 마스터 플랜을 가지고 만들어진 후대의 작은 절들과 다르게, 비록 국가적 규모의 사찰이었다고 하더라도 오랜 기간에 걸쳐 금전, 탑, 강당을 더해가면서 절의 면모를 갖춘 초기 사원의 특징을 벗어날 수 없었다.

① 평지가람
② 산 기슭의 평지가람
③ 산지가람

영취산에서
설법하다

이때 왕사성王舍城 기자굴산耆闍崛山에서 일만이천의 비구들과 무수한 보
살들이 모여 석가모니 붓다의 말씀을 들었다 (『묘법연화경妙法蓮華經』)

왕사성 유적에 남아 있는 마차바퀴 자국

영취산 꼭대기의 독수리 모습 바위

깨달음을 이룬 석가모니 붓다는 세상의 이치에 대하여 45년간 설법한다. 붓다는 마가다국의 수도 라자그리하(왕사성, 현 라즈기리)의 영취산靈鷲山(기자굴산)[01]에서 여섯 번의 우안거雨安居를 지내면서 설법하였다. 이 중 대표적인 가르침이 훗날 『묘법연화경』(이하 『법화경』)으로 엮어졌다고 한다. 정말 석가모니 붓다는 이곳에서 『법화경』을 설법했을까? 실상은 그렇지 않다. 이미 말했듯이 대승불교경전의 하나인 『법화경』[02]은 석가모니 붓다와 직접적인 관련이 없다. 다만 석가모니 붓다와 인연이 깊은 영취산에

01 기자굴산은 산스크리트어 기자구타Gijjhakūta의 중국식 음차로, 우리식으로 읽은 것이다. 이 산은 마가다국 왕사성 동북쪽에 있다.

02 『묘법연화경妙法蓮華經(Saddharma pundarika sutra)』은 묘한 백련의 가르침이라는 뜻이다. 연꽃과 같이 중생 속에 뿌리를 박고 향기를 풍기면서 묘한 가르침을 주는 것을 말한다. 한역본으로는 『정법화경正法華經』10권 (서진西晉 286년, 축법호竺法護(239~316) 번역)과 『묘법연화경妙法蓮華經』7권(요진姚秦 406년, 구마라집鳩摩羅集(344~413) 번역), 『첨품묘법연화경添品妙法蓮華經』7권(수隋 601년, 도나굴다闍那崛多(523~600) 번역) 등이 있다.

영취산

서 이 대승경전을 설법했다고 함으로써 붓다가 직접 말씀하신 내용이라는 점을 강조하기 위함이거나 실제 이 경전이 찬술될 당시 승려들은 그 내용이 영취산에서 붓다께서 직접 설법했다고 믿고 있었기 때문일 것이다.

7세기 중반 이곳을 방문했던 현장玄奘(600~664) 스님은 『대당서역기大唐西域記』에서 영취산에 대하여 다음과 같이 기록하고 있다.

독수리가 살고 있고, 그 높은 곳에서는 하늘의 푸르름이 서로 이곳을 비춰 짙고 옅은 색이 조화를 이루고 있다 붓다의 성도 후 세상에 있기 50여 년, 가르침을 펴는 동안 이 산에 머무르는 일이 많았으며, 널리 대중에게 묘한 법을 가르쳤다

비록 현장 스님이 이곳에서 붓다의 많은 가르침이 있었다고 기록하고 있지만 정말 영취산에서 설법했던 것은 어떤 경전의 내용일까? 물론 확인할 길은 없다. 하지만 『법화경』, 『대보적경大寶積經』, 『대집경大集經』, 『허공장경虛空藏經』 등 대승불교경전들의 설법처로 이곳 영취산이 언급되는 것을 보아 조금이라도 이들 경전의 내용과 관련될 가능성은 없지 않을 것이다.

영취산이 실제로 『법화경』과 같은 대승불교경전과 직접적인 관련은 없지만 석가모니 붓다의 설법처로서 가장 중요한 곳이었음에는 틀림이 없다. 영취산에서 석가모니 붓다의 설법을 듣고 있는 장면이 불화로 그려질 만큼 붓다의 설법처라고 하면 으레 영취산을 떠올리기 마련이다. 그 그림이 영취산(영산)에서 붓다의 말씀을 경청하기 위해 모인 모습을 그린 영산회상도靈山會上圖다. 이 그림은 수미좌에 앉아서 지금 막 설법하고 있는 석가모니 붓다와 설법을 듣기 위해 모여 든 보살들과 제자들, 경호부대처럼 사방을 주시하는 사천왕과 팔부중, 붓다의 말씀을 찬탄하고 있는 천인天人들로 이루어져 있다.

영산회상도는 석가모니 붓다가 영취산에서 『법화경』을 설한 모습이자 보편적인 붓다의 설법 장면이다. 이 그림은 주로 절의 대웅전과 영산전靈山殿에 걸기 위해 그려진다. 승보僧寶 사찰 송광사松廣寺에는 조선시대 1725년에 그려진 영산회상도가 있다. 원래 이 그림은 이 절 팔상전捌相殿에 걸려 있던 것이다. 그림 중앙의 연꽃 대좌 위에는 촉지인을 결하고서 설법하고 있는 석가모니 붓다가 앉아 있다. 그 아래쪽에는 붓다의 가르침

송광사 영산회상도

조선시대 1725년, 비단에 채색, 가로118.5cm, 세로124cm, 송광사 성보박물관

영산회상도는 대부분 『법화경』 설법 장면을 표현한 것이다. 이 불화에서 주목되는 것은 등지고 앉아서 붓다께 설법을 청하고 있는 사리불 존자의 모습이다. 즉 설법을 청하는 보살의 모습은 있지만 이 불화에서 처음으로 승려 모습이 표현되었다는 점이다. 마가다국이 고향이던 사리불 존자를 등장시킴으로써 영취산 설법이 붓다의 친설親說임을 강조하려한 듯하다.

을 청하고 있는 듯진 모습의 사리불舍利弗(Śāriputra, 붓다의 제자)이 앉아 있다. 왕사성이 고향인 그는 어려서부터 자주 오르내렸던 이 산이 그 어느 제자보다도 친숙한 곳이었다. 붓다의 양쪽과 아래쪽에는 설법을 듣고 있는 청중들이 표현되어 있다. 위쪽 좌우엔 네 분의 분신불分身佛과 십대 제자,[03] 천룡팔부,[04] 사천왕이 있다. 그림 중간에 문수보살과 보현보살, 미륵보살과 제화갈라提和竭羅보살, 관음보살과 대세지보살 등 육대보살을 좌우로 배치하여 화면을 위아래로 자연스럽게 나누고 있다. 아랫 부분에는 사리불을 중심으로 좌우에 범천과 제석천, 주악천인奏樂天人 등 가르침을 듣는 여러 청중들이 표현되어 있다. 이들은 사진이라도 찍듯이 제일 앞줄은 꿇어 앉아 있고, 중간에는 허리를 굽혔으며, 뒷줄에는 공손한 자세로 서 있는데, 모두 붓다의 말씀에 몰입한 듯 숨을 죽이고 있는 모습이다. 재미있는 것은 경전의 설법처가 인도의 영취산 임에도 불구하고 영락없는 우리나라 불화라는 점이다. 떡과 차를 담거나 향 그릇으로 사용된 청화백자가 조선시대의 것이며, 콧수염과 턱수염이 나 있는 붓다의 얼굴도 틀림없는 조선시대 사람이다.

한편 영취산 설법의 분위기를 함축하여 담아낸 곳이 영산전이다. 통도사 영산전은 이 중에서도 유명하다. 전각 속 우측 벽면에는 『법화경』의 견보탑품見寶塔品에 나오는 칠보탑七寶塔(다보탑多寶塔)이 그려져 있다. 내용

03 십대제자는 "샤리Śāri라는 여인의 아들putra"을 뜻하는 지혜智慧 제일의 사리불舍利弗(사리푸트라Śāriputra), 목갈라나라고도 하는 신통神通 제일의 대목련大目連(마하마우드갈리아야나Mahāmaudgalyāyana), 두타頭陀(dhūta, 고행) 제일의 마하가섭摩訶迦葉(마하카샤파Mahākāśyapa), 공空 사상을 가장 잘 이해한 해공解空 제일의 수보리須菩提(수부티Subhūti), 설법 제일의 부루나富樓那(푸르나마이트라야니 Pūrṇamaitrāyaṇi), 잘잘못을 잘 판단하는 논의論議 제일의 대가전연大迦栴延(마하카티아야나Mahākātyāyana), 미래를 내다보는 눈을 가진 천안天眼 제일의 아나율阿那律(아니룻다Aniruddha), 수드라출신의 이발사로 계율을 가장 잘 지킨 지계持戒 제일의 우파리優波離(우팔리Upāli), 붓다의 아들로 은밀히 고행하며 살았던 밀행密行 제일의 라훌라Rāhula, 붓다를 수행하면서 설법을 가장 많이 들었던 다문多聞 제일의 아난阿難(아난다Ānanda) 등이다.

04 팔부중은 천天(Deva), 용龍(Nāga), 야차夜叉(Yakṣini), 건달파乾闥婆(Gandharva), 아수라阿修羅(Asura), 가루라迦樓羅(Garuda), 긴나라緊那羅(Kimnara), 마후라가摩睺羅伽(Mahoraga)다.

통도사 영산전

통도사 영산전 견보탑품 벽화
조선시대 18세기초, 세로 400cm, 가로 230cm
『묘법연화경』권제11 [견보탑품]의 내용을 그린 것이다. 경전
에는 땅에서 솟아나온 탑은 높이가 5백 유순이며, 가로 세로
각각 250 유순으로, 공중에 머물러 있었다고 기록되어 있다.

"다보불탑"명 선업니 조상
당 654년, 가로 9.4cm, 세로 10.9cm, 서안시박물원
"다보탑"이라는 이름을 가진 탑들은 모두 방형의
탑이다. 따라서 불국사 다보탑은 엄밀하게 말해 다
보탑이라고 할 수 없다.

인 즉 이렇다. 석가모니 붓다가 영취산에서『법화경』을 설법할 때, 칠보탑이 땅에서 솟아 나온다. 탑에서는 붓다께서 하신 말씀이 모두 옳다는 다보불多寶佛의 목소리가 들린다. 이때 보살과 제자들이 다보불 뵙기를 간절히 원하자 석가모니 붓다께서 칠보탑의 문을 열어 보인다. 탑 속에서 선정에 든 다보불이 석가모니 붓다의 설법을 듣기 위하여 이곳에 왔다고 말한다. 그리고 다보불은 앉았던 자리의 반을 내어 주며 석가모니 붓다께 앉기를 청한다. 석가모니 붓다는 다보불과 나란히 앉은 후, 계속해서『법화경』을 설한다.

통도사 영산전의 견보탑품도에는 목조다층탑이 그려져 있고, 탑 속엔 경전의 내용과 같이 석가모니 붓다와 다보불이 마주보고 앉아 있다. 그러나 그 모습이 똑같아서 어느 분이 석가모니 붓다인지 다보불인지는 알 수가 없다. 우리나라에서는 드물지만 간혹 이 내용에 근거하여 나란히 앉아 있는 두 분의 붓다, 즉 이불병좌상二佛竝坐像이 조성되기도 하였다.

금동이불병좌상
북위 518년, 26cm, 프랑스 기메동양박물관

범종,
붓다의 또다른 말씀

원컨대 이 종소리 법계에 두루 퍼져

철위산의 어두운 지옥을 모두 다 밝히고

삼악도의 고통에서 벗어나게 도산을 파하여

모든 중생들이 깨달음을 이루게 하소서

원차종성편법계願此鐘聲遍法界

철위유명실개명鐵圍幽暗悉皆明

삼도리고파도산三途離苦破刀山

일체중생성정각一切衆生成正覺

절에서 아침, 저녁으로 종을 칠 때 부르는 게송偈頌이다. 이 내용처럼 종소리는 법계法界 즉 온 우주의 중생(모든 생명)들에게 깨달음을 주는 붓다의 말씀이다.

아침에 스물여덟 번 종을 치는 것은 욕계, 색계, 무색계의 이십팔천에 그 소리가 두루 퍼져 깨달음을 이룰 수 있도록 하기 위함이며, 저녁에 서른세 번 치는 것은 삼십삼천으로 이루어진 도리천忉利天과 관련된다. 혹은 아침에 치는 종은 이십팔천의 대문을 활짝 여는 것을, 저녁의 종소리는 그 문을 닫는 것을 뜻하기도 한다.

한 해를 마감하는 섣달 그믐, 그러니까 매년 12월 31일 밤 제야의 종을 친다. 꼭 불교를 믿지 않더라도 사람들은 저마다 서른 세 번 울리는 은

강진 무위사 범종각 주련

은한 종소리를 들으면서 송구영신送舊迎新을 기원한다. 우리 일상을 파고
든 붓다의 말씀인 셈이다.

　종은 그 소리를 듣고 화생化生하는 천인天人부터 지옥의 괴로움地獄苦
에 시달리는 사람에 이르기까지 삼라만상森羅萬象의 사생구류四生九類가 깨
달을 수 있게 한다. 사생구류란 사람과 같이 태胎에서 태어난 태생胎生, 닭
과 같이 알로 태어난 난생卵生, 아메바와 같이 물에서 태어난 습생濕生, 스
스로의 힘에 의해 태어난 화생化生의 사생과 현실 문제에만 관심이 있는
유색有色중생, 현실의 문제를 외면하는 무색無色중생, 항상 생각하기 위해
배우고 가르치는 것에만 집착하는 유상有想중생, 모든 생각은 쓸데없다고
고집하는 무상無想중생, 유상과 무상이 모두 옳지 않다고 하는 비유상비무
상非有想非無想중생을 말한다. 우리나라 종 몸통에 연곽대蓮廓帶(흔히 유곽대乳
廓帶라고 함)를 사방에 배치하고 그 속에 아홉 개의 연꽃을 둔 것도 이 사생
구류가 해탈했으면 하는 바람을 나타낸 것으로 보면 어떨까?

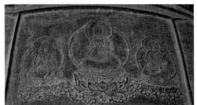

개성 연복사 동종

고려시대 1346년, 높이 324cm, 입지름 188cm, 개성시 북안동 남대문 누각

원나라 자정원사資政院使 강금강姜金剛을 중심으로 한 장인들이 기황후奇皇后(1315∼1369)의 왕자 출산을 축하하며 금 강산 장안사長安寺에서 불사佛事를 마치고 개성으로 돌아오자 충목왕忠穆王(1344∼1348 재위)과 그의 모후인 덕령공주 德寧公主(충혜왕의 비)가 요청하여 조성한 종이다. 동종은 우리나라 전통적인 종과 달리 두 마리 용으로 고리를 만들었으 며, 음통, 연곽대, 당좌가 없다. 몸통에는 여러 개의 굵은 선으로 위아래를 구분한 뒤 각각 4개의 장방형 구획을 두었다. 아랫단과 종구鐘口 사이의 문양대에는 물고기, 용, 거북, 봉황, 기린 등이 표현되었다. 종구는 팔괘가 표현된 8개의 능형 菱形이다. 종의 어깨 부분에는 한어, 산스크리트어, 파스파어, 티베트어, 몽골어, 위구르어 문구가, 몸통 중간에는 『불정 존승다라니경佛頂尊勝陀羅尼經』이 산스크리트어로 새겨져 있다. 윗단 장방형 구획 속에는 불삼존상이, 이 구획 사이에 는 위패가 배치되어 있는데, 각각 "佛日增輝불일증휘", "皇帝萬歲황제만세", "法輪常轉법륜상전", "國王千秋국왕천추"라는 내용이 새겨져 있다. 아랫단에는 이곡李穀이 찬한 "演福寺新鑄鐘銘연복사신주종명"이라는 조성기가 새겨져 있다.

146

진실로 심오한 붓다의 참 말씀

얼마나 어두울까 땅 속의 지옥

수없이 나고 죽는 참을 수 없는 고통

술 취하고 꿈꾸듯 귀먹고 말 못하다가

한번 종소리 듣고서 깨달음에 이르네

구담지노언심심瞿曇之老言甚深

지하유옥하침침地下有獄何沈沈

만생만사고난감萬生萬死苦難堪

여취여몽롱차음如醉如夢聾且瘖

일문종성개성심一聞鐘聲皆醒心

고려시대 1346년, 이곡李穀(1298~1351)이 수도 개경(지금의 개성)의 연복사演福寺에서 새로 종을 주조한 것을 기념하여 몸통(종신)에 새긴 글이다. 종소리에 비유된 붓다의 말씀이 지옥에 빠진 사람들까지 깨닫게 한다는 내용이다.

정말 종소리는 깨달음을 주는 소리일까? 조선시대 1665년명 전라남도 여수의 흥국사興國寺 종 어깨 부분에 새겨진 "육자대명주진언六字大明呪眞言"은 종소리야 말로 깨달음을 주는 다라니(진언)라는 것을 알려 준다.

육자대명주진언인 "옴마니반메훔 Om mani padme hum"은 "온 우주(옴Om)에 충만한 지혜(마니mani)와 자비(반메padme)가 지상의 모든 생명(훔hum)에게 그대로 실현된다"는 뜻이다.[01] 진언(상징적인 말)은 사람들이 외움으로

01   옴Om은 우주의 소리인 성스러운 소리(성음聖音)를, 마니mani는 여의주와 깨끗한 지혜를, 반메padme는 연꽃과 무량한 자비를, 훔hum은 우주의 소리인 옴을 통합하는 기능을 한다.

여수 흥국사 동종
조선시대 1665년, 높이 115.5cm
원래 순천 동리산桐裏山 대흥사大興寺에서 17세기 후반에 활동한 대표적인 사장私匠 김애립金愛立이 제작한 것이다.
"康熙四年乙巳三月日全羅道順天地桐裏山大興寺大鐘重七百五十斤" ⓒ 엄기표·최인선

써 마음의 안정을 찾게 되고, 경전의 의미를 직관적으로 체험할 수 있게
한다. 육자대명주진언은 10세기 경에 성립된『대승장엄보왕경大乘莊嚴寶王
經』에 나오는 최고의 진언으로, 관음보살의 본 마음이기 때문에 "본심진
언" 혹은 "관세음진언"이라고도 한다.[02]

　육자대명주진언은 고려시대에 티베트 불교가 원나라를 통하여 들어
오면서 범종 등 불교 범음구梵音具에 새겨지기 시작한다.[03] 결국 흥국사 종

02　6자 진언을 관음진언, 7자 진언을 문수진언이라고도 한다.
03　고려시대 향완에는 육자진언이 아니라 글자마다 붓다를 상징하는 종자자種子字가 새겨졌다. 하나의 전
각 속에는 보통 향완 1개, 촛대 2개, 정병 1개가 세트를 이루는 것이 일반적이다.

소리는 우주의 소리로서 모든 생명에게 깨달음을 주는 성스러운 붓다의 말씀인 것이다.

표충사 청동은입사향완
고려시대 1177년, 높이 27.5cm,
입지름 26.1cm, 몸통에 붓다를 상징
하는 종자가 새겨져 있다.

『삼국유사』에는 만파식적萬波息笛에 관한 흥미로운 이야기가 전한다. 내용인 즉 이렇다. 죽어서 용이 된 문무왕文武王(626~681)과 하늘의 신이 된 김유신金庾信(595~673)이 함께 동해의 섬에 대나무를 보냈다. 이 대나무를 베어 피리를 만들어 부니 그 소리가 변방을 유린하던 적군들이 물러가고 백성들의 시름이 사라졌다. 그래서 많은 근심 즉 만파를 잠재우는(식) 피리(적)라고 불렀다. 사실 이것은 대나무 피리가 아니라 대나무와 닮은 형태인 음통音筒을 지닌 성덕대왕 신종이나 기록에만 남아 있는 황룡사黃龍寺 대종(754년)과 같은 범종일 것이다.

위엄이 동방에 떨치고 맑은 소리는 북쪽 봉우리까지 울린다
듣거나 보는 사람들은 모두 신심을 일으켜 아름다운 인연을 가진다
둥근 빈 속의 신비로운 몸체는 성스러운 분위기를 자아낸다
영원히 큰 복이 더욱더 크게 되리라

진위양곡 청운삭봉　震威暘谷　淸韻朔峯
문견구신 방연윤종　聞見俱信　芳緣允種
원공신체 방현성종　圓空神體　方顯聖蹤
영시홍복 항항전중　永是鴻福　恒恒轉重

149

성덕대왕 신종
통일신라시대 771년, 높이 366.3cm, 입지름 2.27m, 무게 18.9톤
성덕대왕 신종은 종구鍾口가 8개의 능화형이라는 점이 특징이다. 몸통에 1천여 자의 조성 배경이 주조되어 있다. 주조
에 사용된 동은 12만근이다. 원래 성덕왕의 원찰인 봉덕사奉德寺에 두었으나 경주 북천北川의 홍수로 인하여 조선시대
1460년(세조 5)에 영묘사靈妙寺로 옮겨 걸었다. 영묘사마저 소실되자 1506년(중종 원년)에 경주 읍성 남문 밖에 걸어 두
었다가 1915년에 국립경주박물관으로 옮겨 왔다.
『삼국유사』에 동해의 고래를 만나면 놀라서 운다는 포뢰용蒲牢龍을 종 위에 앉히고 고래 모양으로 깎은 경당鯨撞(종매)
으로 쳐서 소리를 낸다는 기록이 있어서 동해, 만파식적, 범종과의 관계를 유추하게 한다. 한편 강희맹姜希孟의 시 [소상
팔경瀟湘八景]에는 범종 소리를 경음鯨音, 즉 고래 소리로 비유하고 있다.

통일신라시대 771년에 만든 성덕대왕 신종의 몸통에 있는 명문 일부다. 에밀레종으로 잘 알려진 이 종은 원래 경주 봉덕사奉德寺에 걸려 있던 것으로, 지금은 국립경주박물관 한 모퉁이에 매달려 관광객들을 맞이하는 신세가 되었다.

빨간 등잔 불빛이 드문드문 새어 나오던 신라의 경주에서 은은하면서도 웅장하게 울려 퍼졌을 종소리를 상상하고 있노라면, "신령스런 종"이라는 신종의 의미가 더욱 더 가슴에 와 닿는다.

성덕대왕의 셋째 아들 경덕왕景德王(742~765재위)은 어렸을 때 어머니가 돌아가시고, 뒤이어 아버지마저 여의게 되자 부모님을 그리워하는 정이 날이 갈수록 깊어지면서 신종 만드는 일을 서둘렀다고 한다. 경덕왕이 끝내 종을 완성하지 못하자, 그의 아들 혜공왕惠恭王(765~780재위)이 아버지의 뜻을 받들어 그 숙원을 이루었다.

비록 경덕왕과 혜공왕이 아버지이자 할아버지인 성덕대왕을 위하여 이 종을 만들었지만, 이 종은 일승一乘[04]의 원음圓音[05]을 내어 무지한 중생에게 깨달음을 주기 위해 조성된 것이다. 일승의 원음이 무엇인가? 원음은 한마디로 붓다의 원만한 말씀이다. 일승은 또한 무엇인가? 무차별적인 구제라고 보면 되겠다. 즉 종소리를 통하여 붓다께서는 모든 생명에게 공평하게 깨달음을 주고자 한 것이다.

그렇다! 붓다의 말씀은 때론 경전을 통하여, 때론 스님의 입을 통하여

---

04 일승은 소승과 대승의 경계를 뛰어 넘는 것, 그 누구도 제외시키지 않는 것, 모든 수행 방편을 인정하는 것, 모든 생명들이 깨달음의 세계로 갈 수 있고 붓다가 될 수 있다는 것, 붓다의 말씀은 모든 생명들이 알아들을 수 있어서 도움이 된다는 것 등의 뜻을 지니고 있다. 일승의 가르침이란 오직 붓다의 가르침이 하나라는 뜻이며, 이 때 "승"은 깨달음의 세계로 나아갈 때 타는 깃(수레:승乘)으로 비유된다. 한편 일승은 『화엄경』뿐만아니라 『법화경』의 핵심 사상으로, 역사적인 석가모니 붓다의 일생과 교설教設은 방편方便에 지나지 않으며 석가모니 붓다가 나올 수 있었던 본체, 즉 본래의 근본 붓다는 상주불멸常住不滅하다는 사상이다.

05 원음은 원교圓敎(깨달음)의 일음一音이다. 듣는 사람은 근기에 따라서 여러가지 의미로 들리겠지만 붓다의 가르침은 한 말씀(일음)이라는 뜻이다.

사람들에게 전달되듯이, 종소리를 통하여 삼라만상의 모든 생명에게 깨달음을 전하고자 했던 것이다.

우리나라 종은 그 소리가 아름답고 울림이 크기로 정평이 나 있다. 우리나라 종에는 중국 종엔 없는 소리를 맑게 해 주는 음통이 달려 있고, 그 소리의 울림(공명空鳴 효과)을 위하여 종루鐘樓 바닥을 둥글게 파내었다. 지금 절에서는 주로 커다란 단지를 바닥에 묻어 소리의 울림을 돕는다.

우리나라 종의 또다른 특징은 종을 매달 때 사용되는 고리(종뉴鐘紐)가 한 마리의 용으로 장식되어 있다는 점이다.[06] 물론 조선시대 종에는 중국 종의 영향을 받아 두 마리의 용이 장식된 고리도 있다. 종의 몸통에는 위아래에 당초문과 같은 아름다운 문양으로 장식띠를 두르고, 그 사이에는 연곽대, 비천상, 보살상, 당좌撞座(종매로 치는 곳)가 표현되어 있다. 모든 것이 조화롭고 정서적으로 안정된 분위기를 자아낸다.

---

06 용이 고리 장식을 하고 있어서 용뉴龍鈕라고 한다.

상원사종
통일신라시대 725년, 높이 170cm
경상북도 안동 남문 문루에 있던 것을 조선시대 1569년(예종 원년)에 상원사로 옮겨 왔다.

철제 범종
중국 원 1298년, 높이 230cm, 인천시립박물관

안양 석수동 마애종
고려시대, 높이 4m, 폭 3m
중초사中初寺 절터에서 멀지 않은 곳에 위치해 있어서 이 절과
관련될 가능성도 없지 않다.

경기도 안양의 석수동에는 종을 치는 모습의 승려가 바위에 새겨져
있다.[07] 종루에서 종매를 잡고서 지금 막 종을 치고 있는 장면이다. 음통은
물론 용뉴. 연곽대, 당좌가 구체적으로 표현되어 있다. 연곽대에는 연꽃
봉오리가 아홉 개씩 있다. 종매를 잡고 있는 고려시대 승려는 지금도 무
지한 중생들의 깨달음을 위하여 여전히 그것을 놓지 않고 있다.

요즘 절에 가면, 작은 절에서는 종만 매달려 있지만, 큰 절에는 종과
함께 북, 목어木魚, 운판雲板이 있다. 네 종류의 치는 것이라는 뜻의 불전사

---

07 석수동 마애종 몸통의 문양 표현법은 조선시대 판화 기법과 일맥상통한다. 『삼국유사』권5 효선孝善9 손
순매아孫順埋兒 편에도 석종에 대한 기록이 보인다.

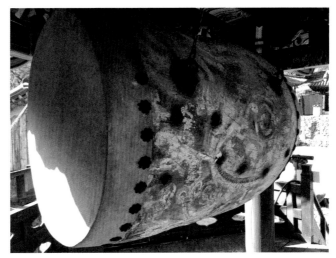

안정사 법고
조선시대 후기 ⓒ 이재혁

법고는 산스크리트어 베리bheri로, 홍고弘鼓라고 한다.

『대보적경大寶積經』의 "석가모니 붓다가 사자좌에 앉아 큰 법고를 울린다"는 표현은 조형적으로 사자좌형 법고를 연상하게 한다. 그러나 법고의 소리가 또다른 붓다의 말씀이라는 것은 이 경전 외에 『대법고경大法鼓經』, 『현우경賢愚經』 등에서도 확인되는데, 법고의 소리를 법륜의 소리로, 녹아원 설법을 법고가 처음 울린 것으로 각각 표현하고 있다.

태안사 목어
조선시대 후기, 길이 256cm

운판
조선시대 후기, 높이 58cm, 폭 59.2cm, 삼성미술관 리움
두 마리의 용이 감싸고 있는 형태로, 6자의 범자로 둘러 싸인 앞면의 당좌와 2존의 보살상이 표현된 뒷면으로 이루어
져 있다.

고佛殿四鼓라고 한다.[08] 소가죽으로 만든 북은 들짐승을 위하여, 물고기 모
양의 목어는 물짐승을 위하여, 구름 모양의 운판은 날짐승을 위하여 두들
겨 소리를 냄으로써 그들의 깨달음을 돕는다고 여겼다.

　사실 절에서 사용되는 범음구梵音具 하나하나가 붓다의 말씀이 아닌
것이 없다. 금고金鼓(쇠북)와 금강령金剛鈴도 그렇다. 천상의 쇠북소리를 듣
고 심오한 공空의 이치를 깨달았다는 『금광명최승왕경金光明最勝王經』(『금광
명경』, 일명 금고경金鼓經)의 몽견금고참회품夢見金鼓懺悔品에 근거하여 만들어
진 금고, 우란분재盂蘭盆齋를 지낼 때 의식을 주관하는 스님이 흔들어 소리

08　불전사고(불전사물)가 언제부터 한 세트를 이뤘는지는 구체적으로 알 수 없지만 조선시대 후기에 와서 성
립되었을 가능성이 높다. 조선시대 16세기 사명대사 유정의 [보경사금당탑기寶鏡寺金堂塔記]에 법고, 종, 운
판, 경쇠를 함께 구비했다는 불전사고에 대한 기록이 있지만, 목어에 관한 기록은 보이지 않는다. 불전사고
가 삼라만상의 중생들의 구제를 위한 것이라는 경전적인 근거도 찾기 어렵다.

156

서울 영국사지(도봉서원지) 출토 금강령
고려시대, 19.5cm, 한성백제박물관

를 냄으로써 아귀餓鬼들에게 원음圓音을 깨닫게 하였던[09] 금강령도 붓다의

말씀이 아니고 무엇이겠는가?

09 금강령이 붓다의 또다른 말씀이라는 것은 『불설구면연아귀다라니신주경佛說救面然餓鬼陀羅尼神呪經』에 "법
식을 함께 먹으니 최상의 맛을 알고 금령金鈴을 함께 들으니 원음을 깨닫는다"는 기록을 통하여 알 수 있다.

157

◀ 함통6년명 금고
통일신라시대 865년, 국립중앙박물관
"咸通陸歲乙酉二月十二日成內 ■ ■ 寺禁口"
고려시대 금고는 뒷면의 공명구가 크게 뚫린 것에서 작게 뚫린 것으로, 다시 뒷면은 막히고 측면이 뚫린 것으로 변한
다. 공명구가 큰 것을 반자盤子라 하고 작은 것을 금구金口라고 한다. 현존하는 우리나라 최고의 금고다. 실물이 아닌 그
림으로는 이 보다 훨씬 이전인 고구려 5세기의 약수리 고분에서 확인된다.

▶ 곡성 태안사 금고
조선시대 1770년, 정면 지름 83cm, 배면 지름 86cm, 배면 내부 지름 72cm(안쪽으로 꺾인 부분)
우리나라 금고 중에서 가장 크며, 원래 능가사楞伽寺에서 제작된 것이다.

　　금고는 절 한 켠에 매달려 있어서 존재감이 없는 것 같지만 청각적 작
용을 통하여 중생에게 깨달음을 준다는 점에서, 또한 그 울림이 수미산과
그 위의 천상 세계까지 울려 퍼진다는 점에서 진정한 붓다의 말씀이라고
할 수 있다.

불구佛具(불기佛器, 법구法具, 법기法器)
　　「팔분율八分律」에 대승불교의 비구는 십팔물十八物의 불구를 지닌다고 기록되어 있다. 불구는 불교
의식을 위한 법구와 공양구, 장엄구로 나뉜다. 의식 법구로는 범종, 목어, 법고, 운판, 금고, 금강령 등 법음
구梵音具와 관욕灌浴 의식에 사용되는 관불대반灌佛大盤이 있다. 공양구는 화병, 향로, 촛대의 삼족구三足具,
향수香水, 잡화雜華, 소향燒香, 음식, 연등을 위한 오족구 등이 있다. 지금은 등, 향, 차, 꽃, 과일, 쌀 등 육공
양을 한다. 장엄구는 불탑에 사리를 장엄하기 위한 장엄구 외에 불전을 꾸미는 불단, 번幡, 당幢, 천개天蓋,
불감佛龕 등이 있다.

우리나라 범종의 특징

우리나라 범종은 섬세한 밀랍 주조로 만들어지는데, 주조 온도는 1680도다. 이 때 납과 주석은 녹아 버리는데, 종의 윗 부분은 납이 많아 무거워지며 아랫 부분은 주석이 많아 가벼워진다.

우리나라 종은 종구鐘口가 좁아지는 항아리형 몸통(종신鐘身), 한 마리 용으로 이루어진 고리(용뉴龍鈕), 대나무 같이 생긴 음통音筒, 연꽃으로 장엄된 연곽蓮廓과 연뢰蓮蕾, 몸통 여백에 표현된 인물상과 문양이 특징이다.

종의 편년은 용뉴, 용의 발 위치, 입식立飾 형태, 크기 등으로 결정된다. 꽃잎 형태의 입식 표현은 따로 주조한 상판(천판)과 몸통을 붙이면서 생기는 틈새의 흔적을 가리기 위한 것이다. 입식 표현은 고려시대에는 말 그대로 연잎 장식을 세운 형태지만 조선시대 종에서는 몸통 위쪽에 복련伏蓮 형태의 문양으로 간략하게 표현된다. 즉 고려시대 종에서는 입체적인 앙련仰蓮이지만 조선시대 종에서는 상대 문양으로서의 복련 형태를 하고 있다.

고려시대 범종은 11세기 이후에 1차적인 변화가 나타난다. 즉 상판 위의 용이 정면을 응시하고 명문이 새겨진 위패가 등장하며 상대 위를 꽃잎 모양으로 장식한 입식立飾이 표현된다. 또한 당좌撞座가 각 방향마다 하나씩 배치되어 4개가 표현된다. 13세기가 되면 35~50cm 정도의 작은 종이 제작되는데, 작은 몸체에 비해 연곽대와 장식들은 큰 편이다. 용은 머리를 상판 위에 숙이고 있지만 완발을 높이 들어 올려 여의주를 잡고 있으며, 음통에 3~8개의 작은 보주 장식이 나타난다. 종의 크기가 작아진 것은 법회 방식의 변화와 관련된다. 그러나 원나라가 고려를 점령하던 14세기 이후에는 작은 종의 제작이 사라진다.

우리나라 종 중에서 중국의 영향을 받은 것으로는 조선시대 1462년에 조성된 흥천사종興天寺鐘과 보신각종普信閣鐘(1468), 봉선사종奉先寺鐘(1469) 등이다. 이들 종은 중국 종과 같이 두마리 용으로 만들어진 고리(쌍용뉴), 둥근 상판, 몸통을 가로지르는 띠가 특징인데, 원나라 장인이 제작한 개성 연복사종演福寺鐘(1346)의 영향을 받았다. 중국 종은 두 마리 용으로 고리(용뉴)를 만들고, 종구가 직선으로 내려오거나 파곡波曲을 이루며 외반된다. 몸통의 문양을 격자로 구획한 후 명문으로 꽉 채운다. 음통 대신에 용뉴 아래 구멍을 뚫어 소리의 크기를 돕는다. 조선시대 후기의 종은 경기도 안성 청룡사靑龍寺 종(1674)을 만든 사인思印비구와 여수 흥국사 종을 만든 김용암金龍岩과 김애립金愛立에 의해 주도되었다.

천흥사 동종
고려시대 1010년, 높이 1.7m, 국립중앙박물관

청화백자 홍치명 송죽문호
조선시대 1489년, 높이 48.7cm, 동국대학교박물관
조선시대 1725년에 그려진 송광사 영산회상도
(140쪽)의 청화백자에서 볼 수 있는 것과 같이 실제
이 백자호는 화엄사 불전에 꽃 공양 용도로 사용된
것이다.

정병淨瓶
고려시대, 높이 23.5cm, 동체 지름 12.8cm, 바닥
지름 7.2cm, 국립중앙박물관
정병에 든 물을 중생들이 받아 먹음으로써 깨달음
의 언덕에 오를 수 있다는 명문이 기록되어 있다.
"오직 바라는 것은 성상(임금)의 목숨이 만세에 이르
고, 또한 삼(악)도의 괴로움으로 더 이상 윤회하지 않
기를 바란다. 모든 중생들이 무상보리심을 발하여
빨리 애욕의 강에서 나와 피안에 오르기를…" 유원
성상수만세唯願聖上壽萬歲, 역원삼도고륜식亦願三途
苦輪息, 개발무상보리심皆發無上菩提心, 속출애하등
피안速出愛河登彼岸

금동대향로
백제, 높이 62.5cm, 최대지름 19cm, 능산리 절터 출토, 국립부여박물관
향 공양과 관련된 공양구로, 용과 봉황, 5개의 산 봉오리로 구성된 세계 최고 수준의 향로다.

사경,
붓다 말씀 되새기기

인쇄술이 발달하기 전에 중요한 내용을 전달하는 방법이란 입에서 입으로 전하든지, 일단 들었던 것을 받아 적어두었다가 베껴 쓰는 것이었다.[01] 이는 불교는 물론 서양의 기독교에서도 같았는데, 중세시대 수도사들의 주된 임무가 성서聖書의 내용을 해석하고 옮겨 적어 여러 사람에게 전하는 일이었다.

고구려의 372년(소수림왕小獸林王 2), 전진前秦의 왕 부견符堅(357~385)이 보낸 순도順道가, 백제의 384년, 동진東晋의 마라난타摩羅難陀가, 신라의 눌지왕訥祗王(41~458) 때 고구려의 묵호자墨胡子가 처음으로 불상과 함께 불경을 가져 왔을 때,[02] 많은 사람들에게 붓다의 말씀을 전하는 방법도 베껴 쓰는 일이었다.

어떤 내용을 마음 속 깊이 새기는 데는 베껴 쓰는 것 만큼 효과적인 것이 없다. 붓다의 말씀을 깊이 새기기 위해 베껴 쓰는 일, 이것이 바로 사경寫經이다.[03] 대부분의 경전은 앞부분에 경전의 내용을 함축적으로 묘사한 그림이 한 장 들어 있다. 이 그림은 경전의 전체 내용을 일목요연하게

01 초기불교에서는 경전과 논서가 속어인 프라크리트prakrit으로 기록되었는데, 서기전 2~1세기경부터 브라흐만교의 산스크리트어를 사용하는 부파(설일체유부說一切有部)가 나타난다.

02 백제에 불교를 전해준 마라난타도 호승胡僧이며, 신라에 온 묵호자도 호자胡子로, 중앙아시아를 거쳐 들어왔던 인도 승려거나 중앙아시아 승려일 것으로 추정된다. 따라서 우리나라에 처음 전래된 불교는 중국불교보다 인도불교의 성격에 가까웠을 가능성이 높다.

03 사경寫經이란 닥종이를 여러 겹 붙이고 염료로 물들인 종이에 먹과 금니, 은니를 사용하여 불경을 쓰는 것이다. 우리나라 사경은 불교가 처음 들어오면서부터 시작되었으나 고려시대에 특히 유행하였다. 고려시대 사경은 초조대장경 형식과 재조대장경 형식의 두 가지로 구분된다. 그러나 보상화문寶相華文으로 꾸며진 표지, 변상도, 경문, 발원 내용과 발원자, 사성기寫成記(사경한 사람과 후원한 사람에 대한 기록) 순서의 사경 구성 방식은 같다.

감지금니대보적경변상도紺紙金泥大寶積經變相圖
고려시대 1006년 가로 84.1cm, 세로 29.2cm, 일본 교토국립박물관
쪽으로 염색한 감색 종이에 『대보적경』권32의 내용을 금으로 쓰고, 변상을 은으로 그린 것이다. 고려시대 1006년 천추
태후千秋太后 황보씨皇甫氏(964~1029)가 김치양金致陽과 함께 발원한 것이다. 보살상 3존과 그 주변에 흩날리는 연꽃
이 표현되어 있다.

전달하는 역할과 함께 경전의 분위기를
띄우는 기능을 한다.[04]

　우리나라에서는 『대보적경大寶積經』,
『화엄경』, 『아미타경阿彌陀經』 등도 있으

상본像本 예수 탄생 장면
1926년, 『요리강령』 부분, 살트르성바오르수녀회 역사박물관
천주교의 4대 교리를 요약한 『요리강령』의 부분이다.
성서 구절을 넣고 이해를 돕기 위해 첨가한 그림을 상본이라
고 하는데, 불교 경전의 변상도와 같은 기능을 한다.

나 『법화경』을 유난히 많이 베꼈다. 이
는 베껴 쓴 경전을 지니고 다니며 읽고
외우면 공덕을 쌓을 수 있다고 『법화
경』에서 강조하기 때문이다. 즉 경전의 [약왕보살본사품藥王菩薩本事品]에
기록된 모든 사람들의 고통을 구제하고 병든 자를 낫게 하며 원하는 바를

───

04　변상도는 경전의 내용과 관련된 1장의 변상을 처음 시작하는 곳에 그리는데, 그림 오른쪽에는 경전의
　　제목과 권수卷數, 왼쪽에는 경전 내용을 함축한 그림이 있다. 변상도의 가장자리는 대부분 금강저金剛杵 문양
　　으로 꾸며졌다.

백지묵서 묘법연화경 변상도
고려시대 1377년, 세로 10.9cm, 가로 31.8cm, 호림박물관

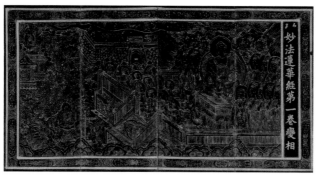

감지금니묘법연화경 변상도
조선시대 1422년, 세로 29.4cm, 가로 57.2cm, 국립중앙박물관

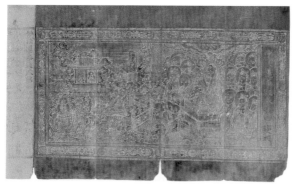

상지은니묘법연화경 변상도
조선시대, 세로 24cm, 가로 33.8cm, 동국대학교박물관

충족해 준다는 내용은 사람들에게 정성을 다해 특별히 이 경전을 베껴 쓰게 만들었다. 같은 경전의 [분별공덕품分別功德品]에서는 절, 탑, 승방을 조성하는 것보다 경전을 읽거나 알리거나 베껴 쓰는 일이 최고의 공덕이라고 하여 사경의 중요성을 역설하고 있다. 즉 사경의 목적은 스님들이 베껴 씀(서사書寫)으로써 공덕을 쌓기 위한 것이다. 『금강경』에서도 경전을 베껴 쓰는 일(서사書寫), 그 경전을 지니고 읽고 외우는 일(수지독송受持讀誦), 다른 사람들에게 그 내용을 설명하는 일(위인해설爲人解說)이 깨달음을 이룰 수 있는 수행법이라고 강조하고 있다.

사경지寫經紙로 흰색 종이(백지白紙)와 쪽물로 염색하여 검은 빛을 띤 푸른색 종이(감지紺紙), 도토리 삶은 물로 염색한 갈색 종이(상지橡紙)가 주로 사용되었다.[05] 흰색 종이에 염색을 입힌 감지와 상지는 그 염료를 절에서 쉽게 구할 수 있을 뿐만 아니라 금, 은, 먹으로 쓴 글씨와 대비를 이루어 눈에 잘 들어오게 한다. 물론 염색은 종이를 보다 오랫동안 보존이 가능하게 하는 역할도 한다.

보성선원 문수보살좌상(1645년) 발견 백지묵서대방광불화엄경

---

05 조선시대 중기가 되면 감지와 상지에 쓴 경전이 드물고 백지 묵서 형태가 많아지며, 사경보다 주로 인쇄되는 경향을 보인다.

익산 왕궁리 오층석탑 발견 은제도금 금강경판 부분
백제 7세기 이후, 국립전주박물관
은제에 도금한 19장의 판을 연결한 후 『금강경』을 새겼다.

익산 왕궁리 오층석탑
백제 7세기 이후, 8.5m

한편 붓다의 32상 중 몸에서 자줏빛 금색의 광채(자금광紫金光)가 난다는 것에 근거하여 금동불을 만들듯이 금자경金字經이 새겨지기도 하고, 전라북도 익산 왕궁리王宮里 오층석탑에서 발견된 도금을 입힌 은판銀板에다 경전을 직접 새기기도 하였다. 이렇게 글자 한 자를 쓰거나 새길 때마다 삼배三拜를 올렸는데, 글자 한자가 곧 한 분의 붓다이기 때문이다.[06]

06 불교 경전을 종이에 베껴 쓴 사경과 달리, 석경石經은 돌에 새긴 것이다. 사람들은 석경이 종이에 쓰는 사경보다 영구성이 좋아 붓다의 말씀이 끊어지지 않고 오랫동안 지속된다고 여겼다.

사경

사경은 말아서 감거나 펴는 두루마리 형식(권자본卷子本)과 접었다 펼 수 있는 절첩본折帖本으로 구분된다. 권자본이 절첩본보다 오래된 형식으로, 왕실 발원 사경의 대부분이 이 형식으로 만들어진다. 절첩본은 고려시대 후기와 조선시대 전기에 유행한 것으로, 왕실 발원도 있지만 대부분 귀족들이 발원한 사경 형식이다. 고려시대 사경은 세로가 30cm전후이지만 조선시대 사경은 40cm정도로 약간 크다. 고려말 조선초의 사경은 고려시대 후기 사경의 전통을 따르지만, 이후 조선시대 전기의 사경은 감지나 상지 등 염색지에 사경하던 고려시대 후기와 달리 백지에 먹으로 사경하는 등 양적으로 줄어들고, 질적으로도 수준이 떨어진다. 즉 고려시대 후기에 사경전담기구인 금자원金字院과 은자원銀字院을 설치하여 엄격한 감독 아래 전문 사경승이나 서자書者에 의해 사경된 것과 달리 조선시대 전기가 되면 각수의 개성이 반영된 사경이 이루어진다.

고려시대 사경과 고려시대말부터 전통이 시작된 조선시대 사경은 경권 신앙을 배경으로 한다는 점에서는 공통적이다. 또한 사경의 주 대상이 되는 경전들도 비슷하기 때문에 내용 상의 변화는 거의 없다. 고려시대 사경과 조선시대 사경의 차이는 내용보다 형식적인 면에서 나타난다. 고려시대에는 쪽으로 물들인 감지에 금니와 은니로 글자를 썼던 반면, 조선시대에는 백지와 상지에 먹으로 글자를 썼다는 점이다. 물론 고려시대에도 상지에 금은니나 먹으로 글자를 쓴 예도 있다. 고려시대에는 경전 표지화가 조선시대 것보다 화려한데, 표지의 가장자리를 보상당초문으로 두르고 화문으로 은은하면서도 화려하게 그렸다.

무구정광대다라니경無垢淨光陀羅尼經
현존하는 최고의 목판본 불교 경전이다. 한장 한장씩 써 내려가는 것도 중요하지만 수요적인 면과 불법佛法을 널리 알린다는 면에서는 짧은 시간에 할 수 있는 가장 효과적인 것이 목판으로 찍어내는 것이다.

화엄경 석경華嚴經石經
통일신라시대, 가로 19.5cm, 세로 15cm, 두께 5.5cm , 글자 크기 세로 23mm, 가로 15mm, 화엄사성보박물관
통일신라시대 750년경 황룡사의 연기(법사가 화엄사를 창건하고 장육전(현 각황전) 벽면을 장식했던 것이다.
불타발타라佛馱跋陀羅가 번역한 60권본 화엄경의 내용을 돌에 새긴 것으로, 현재 14,242개의 파편이 남아 있다.

감지금니화엄경보현행원품변상도
고려시대 1334년, 세로 34cm, 가로 11.5cm, 절첩본, 호림박물관
안새한安賽罕이 부모의 은혜와 자선대부資善大夫가 된 자신을 기념하기 위해 발원한 것으로, 안새한이 원나라 관리였던 것을 증명이라도 하듯 중앙의 보현보살은 티베트식 보살로 표현되어 있다.
40권본 『대방광불화엄경』 즉 60권본이나 80권본 『대방광불화엄경』의 [보현행원품普賢行願品]의 내용을 압축해서 그린 것이다. 40권본의 제1권부터 제39권까지는 60권본과 80권본에도 있지만 제40권은 40권본에만 있다.

대방광불화엄경권제삼십칠변상도大方廣佛華嚴經卷第三十七卷變相圖
감지에 금니, 세로 33.2cm, 가로 11.5cm, 절첩본, 국립중앙박물관
80권본 『대방광불화엄경』의 제37권인 십지품十地品을 묘사한 그림이다.

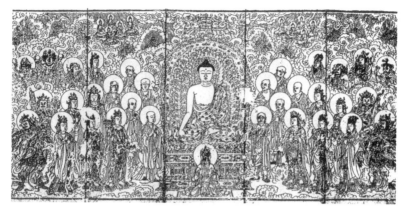

묘법연화경변상도
조선시대 1459년, 일본 사이라이지西來寺

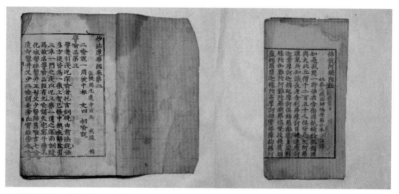

보성선원 석가모니불좌상(1645년)발견 법화경 갑인자계
무량사본 1493년

보성선원 석가모니불좌상 발견 불설아미타경

석씨원류응화사적목판釋氏源流應化事蹟木板
조선시대 1637년, 가로 64cm, 세로 28.5cm, 불암사
석씨원류응화사적목판은 조선시대 1631년(인조仁祖 9)에 정두경鄭斗卿(1597~1673)이 명나라에서 가져온 책을 저본底
本으로 하여 1637년에 승려 지집智什이 양주楊州 불암사佛巖寺에서 중간重刊한 것이다. 이 책은 원래 명나라 헌종憲宗
(성화제成化帝)이 1486년(성화成化 22)경에 만든 것이다. 책의 1권과 2권에는 석가모니 붓다의 일대기를 앞뒤 장에 걸쳐
그리고 설명하였으며, 3권과 4권에는 석가모니 붓다의 계보를 가섭迦葉부터 원나라 승려 담파膽巴까지 기술하고 있다.

석가모니 붓다의
또다른 모습들

위 대한 인물의 탄생에는 대개 신화적인 이야기가 있게 마련이다. 우리나라 최초의 건국신화인 단군신화檀君神話에는 하늘(불교의 도리천)을 주재하는 환인桓因이 있고, 그의 아들 환웅桓雄이 인간 세상에 뜻을 두어 태백산太白山에 내려와 곰과 결혼하여 단군檀君을 낳았다는 이야기가 있다. 기독교에서는 인간인 성모 마리아의 몸을 통하여 하느님의 아들 예수께서 인간 세상에 내려왔다고 한다. 불교에서도 이와 같은 탄생신화가 있다. 석가모니 붓다가 마야부인의 몸을 빌어 도솔천에서 인간 세상으로 내려온 것이다. 그렇다고 해서 붓다가 하늘의 아들은 아니다. 그저 끊임없는 윤회의 과정에서 인간 세상에 왔을 뿐이다. 굳이 따지자면 붓다에게는 명확한 족보가 없는 셈이다.

역사적인 실존 인물이었던 석가모니 붓다의 일생에는 후대에 그의 전기를 기록하는 사람들이 각색하거나 윤색했을 법한 이야기들이 많이 남아 있다. 다만 그런 윤색 여부와는 별도로 붓다가 펼친 이상과 진리는 많은 사람들에게 영향을 주었고, 그 결과 불교는 인류 역사상 가장 영향력 있는 종교의 하나가 되었다. 내가 누구인지, 삼라만상의 유유한 흐름이 어떤 것인지에 대하여 일찌감치 간파하고 있었던 붓다의 한 말씀 한 말씀은 불교에 전혀 관심이 없었던 사람들을 하나둘씩 설득해 나갔다. 45년에 걸쳐 하신 말씀은 그 양을 헤아릴 수 없을 정도로 많다. 붓다의 열반 후, 인간 세상에 남겨진 제자들이 그 분의 말씀을 정리한 것이 대장경이다.

대장경에는 석가모니 붓다 외에 후대의 사람들이 쓴 전설과 같은 여러 붓다의 이야기도 실려 있다. 사람들은 자신의 처지에 따라 붓다에 대해 기대하는 것도 달랐는데, 이러한 사정은 우리에게 여러 모습의 붓다를 볼 수 있게 해 주었다. 붓다의 열반 후, 그가 존재하지 않는 공허하고 혼란한 인간 세상을 제도할 여러 붓다가 필요했던 것이다. 이들 붓다는 성격과 역할은 각기 다르지만, 그 모습은 모두 석가모니 붓다에서 비롯된 것이기에 겉으로 봐서는 별반 차이가 없다. 수인과 자세로 구분이 가능할 뿐이다.

인도에서 대승불교가 처음 출현할 때 일부 불교도들은 인간 세상과는 구별되는 피안의 세계 정토가 있고, 그곳을 다스리는 붓다가 있다고 생각하였다. 또한 이들 붓다의 이름을 외우고 부름으로써 죽은 후에 그곳에 태어날 수 있다고 생각하였다. 사람들은 그들의 상상 속에 석가모니 붓다와는 구별되는 또 다른 붓다와 그의 정토 세계를 만들기 시작하였다. 쿠샨시대 간다라지방에서 화지부化地部라는 부파가 1세기부터 2세기 사이에 찬술한 『무량수경』, 북인도에서 1세기 말에 성립된 『아미타경』, 모든 내용은 아니지만 1세기 전후에 찬술된 『법화경』, 300년경 인도 북부 카슈미르 지방에서 성립된 『열반경』 등은 대표적인 예다.

우리나라에서 가장 인기가 있었던 아미타불, 미륵불, 약사불, 지장보살, 관음보살 등도 대승불교운동이 일어나면서 생겨난 석가모니 붓다의 또 다른 모습들이다.[01] 아미타불은 사람들이 사후에 그렇게 가고자 염원하

---

01 1세기 이전까지 인도에서는 재가 불교도늘이 예물하던 사리(색신色身)와 출가자늘이 공부하던 붓다의 법法(가르침. 법신法身)이 구분되었다. 1세기경 대승불교가 발전하면서 보신報身이 등장한다. 이후 3세기부터 4세기경에 법신法身과 유식唯識 사상에서 삼신설이 정립되면서 삼신불三身佛이 등장한다. 우리나라에서 삼신불의 관념이 가장 먼저 확인되는 것으로는 통일신라시대 719년에 김지성(김지전)이 조성한 감산사 석조미륵보살입상의 광배 명문이다. 여기서는 현신現身(화신化身), 법신法身, 응신應身(보신報身)으로 기록되어 있다. 한편 고려시대 1346년에 조성된 장곡사長谷寺 목조아미타불좌상의 복장발원문에 "청정법신궁허공계淸淨法身窮虛空界,

던 극락정토에 태어나는 것을 보장해 주며, 미륵불은 또 다른 정토인 도솔천에 태어나게 하거나 미래의 혼란한 인간 세상을 구원하는 역할을 한다. 이들 불상이 사후 보장을 약속하였다면, 약사불은 사후 보장 뿐만아니라 온갖 질병을 치유해 주는 현실적인 역할도 한다. 그리고 지장보살은 선업善業(좋은 일)을 쌓지 못해 지옥에 떨어진 중생들을 구원해 주며, 관음보살은 이 세상이나 저 세상에서 어려움에 빠진 중생들을 도와준다. 이들 붓다와 보살 속에는 과거 우리 선조들이 지녔던 삶의 애환과 종교적 감수성이 반영되어 있다.

석가모니 붓다는 열반에 들어갈 때, 제자들에게 자신의 모습인 불상을 만들지 말고 스스로 의지하거나(atta-dipa) 자신의 가르침(법)에 의지하라(dharma-dipa)고 당부하였다. 붓다의 열반 후 약 500년 동안 인도에서 불상을 만들지 않던 무불상無佛像 표현의 시대가 이어진 것도 바로 이 유훈 때문이었다.

석가모니 붓다는 왜 그의 상相(불상과 불화)을 만들지 말라고 했을까? 불교 수행의 목표는 무지(무명無明)과 집착에 의해 생기는 인생의 고통에서 벗어나는 것이다. 무지와 집착이란 대상對象에 대한 모습을 만들어 그것을 실체가 있는 것으로 착각하는 것이다. 결국 우리가 눈으로 보고 느끼는 상(대상)은 이 세상을 왜곡된 모습으로 보게 하는 매개가 된 셈이다. 붓다는 제자들이 자신의 모습을 만들어 자신의 참 모습이 왜곡되는 것을 원치 않았던 것이다. 붓다가 의지하라고 했던 그의 가르침은 바로 상 그 너머에 있는 세계, 즉 깨달음의 세계를 말한다. 아이러니하게도 지금 우리들은 붓다를 쉽게 설명하겠다고 열심히 불상을 만들고 불화를 그리고 있

원만보신변시방국圓滿報身遍十方國, 삼류화신주찰진토三類化身周刹塵土"라는 내용이 확인된다.

산치 대탑 부조
서기전 3세기, 높이 16.5m, 직경 39m
무불상표현의 시대 보리수는 석가모니 붓다의 깨달음을 상징한다.

다. 왜곡 아닌 왜곡을 계속하고 있는 셈이다. 그럼에도 불구하고 왜곡되어
버린 또 다른 붓다들을 만나러 가는 이유는 과거 우리 선조들이 붓다를
어떻게 이해하고 있었는지 조금이라도 짐작해 보기 위함이다.

불신관

생신불生身佛은 80년 동안 인간 세상에서 살았던 석가모니 붓다를 말하거나 이미 열반하였으나
제자들의 기억 속에 남아 있는 석가모니 붓다를 말한다. 법신불法身佛은 생신의 석가모니 붓다는 이미
인간 세상을 떠났지만 그의 가르침(법)과 정신적인 붓다는 사라지지 않아 그 법이 인간 세상에 여전히
나타난 모습을 말한다. 응신불應身佛(화신불化身佛, 현신불現身佛)은 때와 장소에 따라 혹은 사람들의 근기
에 따라 설법하여 그들에게 깨달음을 주는 붓다로, 과거칠불, 석가모니 붓다, 미륵불이 대표적인 예다.
보신불報身佛은 생신불, 법신불, 응신불과 별도의 개념을 지닌 붓다로, 일반 중생이 보리심菩提心을 일
으켜 보살이 되고, 다시 덕을 쌓고 실천하며 비원悲願을 이룸으로써 된 붓다다. 12대원을 이룬 약사여
래와 48대원을 이룬 아미타불이 대표적인 예다. 일반 중생이 출가하여 붓다가 되고, 붓다가 되기 위해
세웠던 비원이 다 중생들을 위한 것이기에 사람들과 가장 친근한 붓다라고 할 수 있다. 기독교에서 그
리스도가 구세주의 뜻을 지닌 법, 즉 법신불이라고 한다면, 인간의 모습으로 나타난 예수는 화신불이
라고 할 수 있다. 즉 인간 세상에 생신(인간)의 모습으로 나타난 석가모니 붓다가 화신이라면, 그 본연의
몸, 즉 기독교의 그리스도와 같은 법신불이 따로 있는 것이다.

비로자나불

노사나불

약사불

수미산

관음보살

석가모니불

아미타불

지장보살

칠장사 오불회괘불탱
조선시대 1628년, 삼베에 채색, 세로 6.56m, 가로 4.04m, © 안성 칠장사

조선시대 초기에 불경의 국역과 간행에 많은 역할을 했던 김수온金守溫(1410~1481)의 『식우집拭疣集』[사리영응기舍利
靈應記] 기록과 관련되는 형식의 불화다. 즉 "법신 비로자나, 보신 노사나, 화신 석가와 약사, 아미타 5불을 조성하고 세
종이 직접 찬탄하는 노래를 짓고 의식을 베풀었다"는 내용이다. 위아래가 3단으로 나누어져 있다. 윗단의 왼쪽에서 오
른쪽으로 석가모니불, 비로자나불, 노사나불과 중간 단의 아미타불, 약사불, 아랫단의 지장보살, 수미산, 관음보살로 구
성되어 있다. 이 불화의 중심 도상은 비로자나불이며, 윗단은 법신 비로자나불, 보신 노사나불, 화신 석가모니불의 삼신
불, 중간 단은 상단의 법신 비로자나불과 함께 보신 약사불, 보신 아미타불의 구성이거나 동방유리광정토의 약사불과
서방극락정토의 아미타불로 구성된 삼세불일 가능성이 있다. 비로자나불이 이 불화의 중심이라는 것은 둥근 광배를 한
여러 불상과 달리 연잎형의 광배를 하고 있는 것을 통해서도 알 수 있다. 조선시대 괘불탱 중 가장 돋보이는 수작이다.

수竪삼세불과 횡橫삼세불

❖ **수삼세불**(석가모니 붓다를 현재 기준으로 둔 시간적 개념의 삼세불)

미륵보살(미륵불)	석가모니 붓다	제화갈라보살(연등불) 혹은 과거육불
미래	현재	과거

고흥 능가사 응진당 수삼세상
조선시대 1685년, 색난(조각승)
목조석가모니불좌상, 높이 104cm
목조제화갈라보살좌상, 높이 93cm
목조미륵보살좌상, 높이 89cm

❖ **횡삼세불**(석가모니 붓다를 중앙이라는 기준으로 한 공간적 개념의 삼세불)

불전이 대부분 남향이기 때문에 약사불이 있는 동방은 석가모니 붓다의 왼쪽에, 아미타불이 있는 서방은 붓다의 오른쪽에 위치한다.

| 아미타불(서방) | 석가모니 붓다(중앙) | 약사불(동방) |

직지사 대웅보전 횡삼세불회도
조선시대 1744년

아미타불,
영혼의 구원을 바라며

가봅시다 가봅시다 좋은 곳으로 가봅시다

세상 사람들은 그대로 두고 극락으로 가봅시다

극락이라 하는 곳은 온갖 고통 전혀 없고

황금으로 땅을 쌓고 연꽃으로 대臺를 지어

아미타불 주인되고 관음 대세지 보살되어

중생구제 마흔아홉 소원 세우시고

연꽃대좌 아홉 놓으시어 지혜의 배를 내여 오네

〔왕생가往生歌〕

불교에서는 인간 세상에서 사람이 죽으면, 다음 세상으로 윤회한다고 한다. 하지만 그 누구도 도무지 경험해 본 적이 없는 이 미지未知의 세상에 대하여 두려움을 가지리라는 것은 인지상정이다. 게다가 지금의 생활이 만족스럽다면, 그냥 이 세상에서 오랫동안 살면서 복록을 누리고 싶을 것이다.

인간 세상에서 어쩔 수 없이 죽어야 한다면, 사후 세계가 안락하고 평안하기를 바라는 것 또한 지극히 자연스런 바람이다. 이 두 가지 문제를 모두 해결해 주는 분이 바로 아미타불阿彌陀佛(Amitāyus(시간적인 언어로서 무량의 수명으로 번역됨, 無量壽佛), Amitābha(공간적인 언어로서 무량의 광명으로 번역

됨, 無量光佛)이다.[01] 아미타불은 죽음과 그 이후의
세계를 주관하는 붓다다.

아무리 불교에 대해 문외한이라 하더라도
"나무아미타불관세음보살南無阿彌陀佛觀世音菩薩"
이라는 말은 한 번쯤 들어 봤을 것이다. 나무南
無는 "돌아가 의지한다"는 뜻의 산스크리트어
나마스Namas(Namo)의 한자식 음차를 우리식으
로 읽은 것이다.[02] 즉 서방극락정토의 주인이신
아미타불과 관음(관세음)보살에게 귀의한다는
내용이다. 사람들이 그저 "나무아미타불관세음
보살"이라는 말을 반복하는 이유는 무조건 이
열 한자만 외우면 극락정토에 태어난다고 믿기

보성선원 석가모니불좌상(1645년)
발견 불설아미타경

때문이다. 극락정토와 관련된 경전을 들여다 보면, 사람들이 이 정토에 태
어날 수 있는 유일한 방법이 이것 밖에 없다는 것을 알 수 있다. 이렇게 입
으로 아미타불의 이름을 외우는 것을 칭명염불稱名念佛이라고 한다. 이러
한 염불 방법에 사용된 것이 염주念珠(Pāsakamālā)다.[03]

염주는 보통 108개를 기본으로 하는데, 원래 염주는 콩이었다고 한
다. 한 주머니에 108개의 콩을 넣어 두고 염불할 때마다 다른 주머니로 하

01 아미타불은 붓다의 광명이 시방 세계를 끝없이 비추기 때문에 무량광불이라 하고, 극락 정토에 태어난
사람들의 수명이 헤아릴 수 없이 길기 때문에 무량수불이라고 한다.

02 선도善導(613~681)는 『관경소현의분觀經疏玄義分』에서 남南은 귀歸, 무無는 명命, 아阿는 무無, 미彌는 량量,
타陀는 수壽, 불佛은 각覺으로 해석하여 "귀명무량수불歸命無量壽佛"이라 하였다. 우리나라에서는 원효元曉 스
님의 교화로 무지몽매한 사람들까지 붓다의 이름을 알아 "나무"를 하였다는 『삼국유사』[원효불패元曉不覇]
의 기록이 칭명염불에 대한 가장 이른 기록이다.

03 칭명염불은 아미타불과 관음보살의 명호를 외우는 신앙 행위를 말한다. 염불은 인도의 마명馬鳴, 용수龍
樹, 세친世親(320년경~400년경), 중국의 담란曇鸞, 도작道綽(562~645), 선도善導로 이어졌다. 칭명염불은 일념一念
과 다념多念이 있다. 염주念珠(pāsakamāla, 발새막珠寒珠, 불주佛珠, 수주數珠)는 명호를 외운 횟수를 기억하기 위한 것
으로 칭명염불과 불가분의 관계다.

아미타불삼존내영도阿彌陀佛三尊來迎圖
고려시대 14세기, 비단에 채색, 세로 110cm, 가로 51cm,
삼성미술관 리움
망자의 극락정토왕생 장면을 그린 것이다. 관음보살이 허리를 굽혀
망자의 영혼을 금강연화대金剛蓮華臺에 실고 간다는 『관무량수경』의
내용을 표현한 것이다. 중앙의 아미타불을 중심으로 왼쪽에 허리를
굽힌 관음보살이, 오른쪽에 지장보살이 있다. 붉은 색, 녹청색, 군청색
을 주로 사용하고 금니로 세부를 표현한 것은 14세기 고려불화의 특
징이다. 왼쪽 아래를 향하고 있는 아미타불의 시선은 서하西夏 불화와
는 비슷하지만, 송, 원, 일본 불화에선 반대 방향을 향하고 있다.

아미타여래도
고려시대 1286년, 비단에 채색
세로 203.5cm, 가로 105cm, 니혼日本은행

나씩 옮기면서 횟수를 헤아렸다고 한다. 이 콩을 실로 꿰어 손으로 하나씩 굴리면서 염불하였는데, 이것이 염주의 원형이 되었다.

그렇다면 아미타불은 어떻게 망자의 영혼을 극락정토로 데려갈까? 『무량수경』에 의하면, 이미 죽었거나 앞으로 죽게 될 사람들은 극락정토에 이미 태어났거나 태어날 수 있는 보장을 받았음을 알 수 있다. 48개의 큰 소원(대원)이 이루어지지 않으면 결코 성불하지 않겠다고 결심했던 법장法藏보살이 이미 아미타불이 되었기 때문이다. 다만『무량수경』에서는 오역죄를 짓거나 정법(불법)을 비방하는 사람들, 즉 하배下輩와 하근기下根機의 사람들은 극락정토에 태어날 수 없다고 제한하였다, 그러나『관무량수경』에서는 하배와 하근기의 사람들마저도 극락정토에 태어날 수 있다고 약속하고 있다.

아미타불이 망자의 영혼을 어떻게 데려가는 지는 고려시대에 그려진 아미타불삼존내영도阿彌陀佛三尊來迎圖에 잘 나타나 있다. 내영來迎, 즉 "와서 맞이한다"는 뜻의 이 그림에서는 망자의 영혼을 극락정토로 데려가기 위해 아미타불과 관음보살觀音菩薩(Avalokiteśvara), 대세지보살大勢至菩薩(Mahasthamaprapta)이 왼쪽 아래에 그려진 망자의 영혼을 자비로운 표정으로 내려다보고 있다. 항상 아미타불의 왼쪽에서 보좌하는 관음보살은 허리를 살짝 숙여 영혼을 담기 위한 연꽃 대좌를 두 손으로 내밀고 있다.

수행자가 목숨을 다하였을 때
아미타불이 관음보살, 대세지보살 등
모든 권속들과 함께 금연화金蓮華를 들고
오백의 화신불을 만들어서 그 사람을 맞이할 것이다

(『관무량수경』)

181

사실 그림으로 보면, 모든 사람들은 죽은 후 이들 붓다와 보살의 인도로 극락정토에 바로 태어날 수 있는 것처럼 표현되어 있으나 실상은 그렇지 않다. 실었을 때, 지은 업보에 따라서 극락정토에 태어날 때 걸리는 시간은 각기 다르다. 그 시간을 아홉 단계로 구분하기 때문에 구품왕생九品往生이라고 한다. 아미타불은 아홉 가지의 수인으로 왕생하는 영혼에게 걸리는 시간을 알려준다. 이를 아미타구품인阿彌陀九品印[04]이라고 한다.

한편 아무리 어리석고 죄 많은 사람이라도 지극한 정성으로 아미타불의 이름을 열 번 외우면 극락정토에 바로 태어날 수 있다고 한다. 또 극락정토는 선택받은 사람만이 태어날 수 있는 곳이 아니라 아미타불의 이름을 듣고 하루 혹은 칠일 동안 한결같이 염불하면 그 어떤 사람이라도 올 수 있는 곳이라고 한다.

죽은 후, 사람들이 그토록 가고자 원했던, 마치 유대인들의 "에덴동산"과 비교되는 극락정토는 어디에 있으며 과연 어떤 모습일까? 이 정토를 가기 위해서는 인간 세상으로부터 서쪽으로 십만억의 불국토를 지나가야 한다고 한다.

극락정토의 모습은 『아미타경』에 고스란히 담겨 있다. 이 경은 『무량수경無量壽經(Sukhāvatī-vyūha-sūtra)』(『大經』)을 간략하게 정리한 것으로,[05] 대부

---

04 아미타구품인은 상품상생인上品上生印, 상품중생인上品中生印, 상품하생인上品下生印, 중품상생인中品上生印, 중품중생인中品中生印, 중품하생인中品下生印, 하품상생인下品上生印, 하품중생인下品中生印, 하품하생인下品下生印이다.

05 슈카바티Sukhāvatī의 슈카Sukha는 "낙樂"을, 바티vati는 "장소"를 뜻한다. 아미타불을 찬탄하는 200여 종의 경전 중 『무량수경』이 특별히 중요한 것은 48가지의 대원大願이 들어 있기 때문이다. 아미타불은 법장보살일 때 "만일 이들 원이 성취되지 않는다면, 깨달음을 이루지 않겠다"는 비원悲願을 세운다. 여기서의 비悲는 "큰 사랑"이자 "자비"를 뜻한다. 한편 서원에는 총원總願과 별원別願이 있다. 총원은 모든 보살이 세운 사홍서원四弘誓願이 대표적인 예로, 수많은 중생을 제도하고, 끝없는 번뇌를 끊어내고, 끝없는 법문을 배우고, 위없는 깨달음을 이루겠다는 원을 말한다. 별원은 법장보살이 48대원을 세워 아미타불이 되었듯이 특정한 붓다와 관련되는 특별한 원을 말한다.

182

무위산 극락보전 아미타불상, 관음보살상, 지장보살상
조선시대 15세기

분 제자들의 간청에 의하여 설하는 경전과 달리 붓다께서 스스로 말씀하신 내용이다. 그곳에는 삼악도三惡道(축생, 아귀, 지옥)라곤 찾아볼 수가 없고, 태어난 사람들은 즐거움만 누리며 영생永生한다고 한다.

『아미타경』에 그려진 극락정토는 말 그대로 즐거움(락樂)이 끝이 없는 (극極) 깨끗한 땅(정토淨土)이다. 아미타불이 계신 궁전은 금, 은, 유리 등 화려한 보석으로 장엄된 난간과 나무들로 꾸며져 있다. 그 앞에는 칠보七寶 (일곱 가지 보배)로 장엄된 연못이 있고, 그 속에는 팔공덕수八功德水[06]가 채워져 있다. 연못 바닥에는 금모래가 깔려 있고, 물 위에는 여러 색깔의 연꽃이 피어 있다. 연못 둘레에는 네 개의 계단이 있고, 그 위에 화려한 누각이 세워져 있다. 하늘에서는 음악이 들리고, 만다라曼陀羅 꽃비가 내린다. 또 백조와 공작 등 온갖 아름다운 새들이 맑은 소리로 노래한다. 무지와 집착에 의해 생긴 괴로움을 감내해야만 하는 사바세계(인간세상)의 우리들

06 팔공덕수는 여덟 가지 공덕을 갖춘 물로, 고요하고 깨끗하며, 차고 맑으며, 달고 입에 부드러워 마시면 마음이 편안해지고 근심을 없애 준다고 한다.

무위사 극락전

조선시대 1430년에 국가적 차원에서 수륙재水陸齋를 지내기 위해 세운 수륙사로, 극락정토를 분위기를 잘 나타낸 전 각이다. 단아해 보이는 전각의 외관과 달리 내부로 들어서면 서방극락정토에 이미 와 있는 듯한 착각을 일으키게 된다. 아미타불삼존상 뒤쪽의 1476년명 아미타불삼존벽화, 그 뒷벽의 백의관음보살도, 동벽의 아미타불설법도, 서벽의 아미 타불내영도 등 온통 극락정토왕생과 관련된 내용으로 꾸며져 있다.

아미타불삼존벽화의 아래쪽엔 화기畵記가 남아 있는데, 강노지姜老至 등 여러 사람의 시주로 선사禪師 해련海連 등이 조선시대 1476년(성종 7)에 완성하였다고 한다. 현존하는 조선시대 아미타불화 중에서 가장 이른 예다. 아미타불을 중 심으로 관음보살과 지장보살이 좌우에 배치되어 있다. 붉은 색과 녹색을 온화하게 칠하여 표현하였다. 두 보살의 머리 부분이 본존의 어깨 높이까지 올라와 있고, 그 위에 각각 3존의 제자를 배치한 것은 고려 불화의 전통을 따른 것이다.

은 꿈속에서조차도 상상할 없는 그러한 곳이다.

　　우리들이 이 아름다운 곳을 조금이라도 느낄 수 있는 곳이 바로 극락

전極樂殿(혹은 무량수전)이다. 비록 그곳이 칠보로 장엄되어 있지 않더라도,

극락조의 아름다운 노래 소리가 들리지 않아도 말이다. 극락전에는 으레

그곳이 극락정토임을 알려 주듯 아미타극락정토도가 걸려 있다.

동화사 염불암 아미타극락정토도도

조선시대 1841년, 모시에 채색, 세로 130cm, 가로121cm, 그림 중앙에 극락정토에 연화화생하는 모습이 그려져 있다.

　　대구 팔공산의 동화사桐華寺 염불암念佛庵에 있는 아미타극락정토도도
이 중 하나다. 이 그림은 조선시대 1841년에 그려진 것이다. 그림의 중앙
에는 아미타불과 관음보살, 대세지보살이 앉아 있으며, 그 양옆에는 극락
보궁極樂寶宮이 있다. 극락의 연못 속에는 인당수에 몸을 던졌던 심청이 다
시 살아 돌아올 때 태어난 것 같은 연꽃에서 지금 막 화생化生하고 있는 어

린아이들의 모습이 보인다. 이 그림이 19세기 것임을 알려주듯 서양화의 음영 기법으로 존상들이 그려졌다.

사람들은 아미타불이 있는 서방극락정토에 태어나기를 기원하며 예불하는데, 이를 아미타신앙이라고 한다. 아미다불을 믿는 사람들은 극락정토에서 아미타불을 만나 설법을 듣는 것으로 깨달음을 이룰 수 있다고 생각한다. 아미타불과 극락정토는 『관무량수경』에서도 잘 묘사되어 있다.

경전의 내용은 마가다국 왕사성에서 일어났던 왕위 찬탈 사건을 배경으로 전개된다. 마가다국의 빔비사라Bimbisāra왕과 위제희Vedehi(韋提希) 왕비는 자식이 없었는데, 한 선인仙人이 자기가 천수를 다하여 죽으면 왕의 아들로 환생할 것이라고 예언한다. 왕은 아들을 빨리 얻고 싶어서 선인을 죽이는데, 선인은 원한을 품고 아자타사트루Ajatasatru(阿闍世) 왕자로 태어난다. 원한을 품고 있다는 사실을 알게 된 왕과 왕비는 왕자를 죽이려 한다. 이 때 시녀들이 몰래 왕자를 데려다 키운다. 성장하여 자신의 출생 비밀을 알게 된 왕자는 왕과 왕비를 죽이고 왕위를 찬탈하려 한다.

당시 석가모니 붓다께서는 1250명의 비구와 문수보살 등 3만2000존의 보살들과 함께 마가다국 왕사성 옆에 있는 영취산(기자굴산)에 머물고 있었다.[07] 왕사성[08]에 거주하던 아자타사트루 태자는 데바닷타의 꼬임에 빠져 왕위를 찬탈하려고 하였다.[09] 그래서 아버지 빔비사라왕을 일곱 겹으

<hr>

[07] 『관무량수경』이 『법화경』과 같이 영취산에서 석가모니 붓다가 직접 설법하신 것으로 경전에서 설정하고 있지만, 이 대승불교경전도 붓다의 친설親說(불설佛說)은 아니다. 붓다의 친설은 『아함경』의 일부분에 지나지 않는다. 아함(아가마Agama)는 "전승傳承"이라는 뜻이다.

[08] 왕사성은 마가다국의 수도로, 현재 파트나Patna현 라즈기리에 위치한다. 현재 라즈기리에는 빔비사라왕이 거주했던 기리브라자Girivraja(산성) 유적과 그의 아들 아자타사트루가 조성했던 신 왕사성 유적이 남아 있다.

[09] 불교 경전에서는 데바닷타를 외도로 표현하지만, 문헌에 의하면, 그도 붓다와 같이 상당한 교단을 이끈 종교적 지도자였다고 한다. 그의 사후 약 200년 동안 그의 교단이 지속될 정도로 큰 교파를 이루었지만, 이후 불교 세력에 의해 그의 존재감이 폄하되게 된다. 아자타사트루 태자의 왕위 찬탈 사건도 불교를 지나치게 맹신하던 아버지 빔비사라왕을 못마땅하게 여겨 데바닷타 교단과 합세하여 시도된 것으로 보기도 한다.

관경서분변상도 觀經序分變相圖

고려시대 1300년경, 비단에 채색, 세로 150.5cm, 가로 113.2cm, 일본 사이후쿠지 西福寺

『관무량수경』 서분의 내용을 그린 것이다.

　① 위제희 왕비의 소원을 들어주러 영취산에서 내려오는 석가모니 붓다

　② 석가모니 붓다께 부탁을 드리는 위제희 왕비

　③ 굶어 죽게 된 빔비사라왕을 찾아온 목련존자와 부루나존자

　④ 두 존자를 맞이하는 빔비사라왕과 위제희 왕비

　⑤ 부루나존자에게 설법을 듣는 빔비사라왕

　⑥ 위제희 왕비가 왕에게 음식을 준 사실을 알게 된 아자타사트루 태자가 죽이려 하자 두 신하가 만류함

왕사성 감옥터에서 바라본 영취산
빔비사라왕이 갇혀 있던 감옥터에서 동쪽을 바라 보면 영취산 꼭대기가 눈에 들어온다.

로 된 감옥에 가두고서 그 어떤 사람도 만나지 못하게 하였다. 하지만 위제희 왕비는 깨끗하게 목욕한 후, 우유와 꿀을 반죽하여 몸에 바르고, 품속에 포도주를 숨겨서 매일 왕에게 남몰래 드렸다,

이렇게 3주가 지났다. 부왕이 죽은 줄 알고 살피러 간 태자는 왕비가 먹을 것을 가져다주고, 붓다의 제자 목련존자와 부루나존자가 와서 부왕을 위해 매일 같이 설법한다는 간수의 말을 듣게 된다. 화가 난 태자는 칼을 들고 위제희 왕비를 죽이려 한다. 이때 월광月光이라는 지혜로운 신하와 명의名醫 기바(耆婆)가 태자 앞에 나선다. 그들은 죽음을 무릅쓰고 말하길 아버지를 죽이는 왕은 있었으나 어머니를 죽이는 왕은 세상에 없었다

며 이렇게 불효하는 왕 밑에선 있을 수 없다며 떠나겠다고 한다. 이에 태자는 칼을 거두고 하인을 시켜 어머니를 유폐시킨다.

감옥에 갇힌 왕비는 수심에 잠긴 채 슬피 울며 영취산을 바라보면서 석가모니 붓다께 간절히 기도를 올린다. 붓다는 벌써 왕비의 마음을 알아차리고, 순식 간에 왕비 앞에 나타난다. 기도를 마친 왕비가 머리를 들자 눈앞에 온몸에서 황금빛이 나는 석가모니 붓다가 갖가지 보석으로 장엄된 연꽃 위에 앉아 계셨다. 붓다의 왼쪽에는 목련존자가, 오른쪽에는 아난이 있었고, 제석천과 범천 등 천인들이 허공에서 꽃을 뿌리며 공양하고 있었다.

위제희 왕비는 붓다를 보자 땅에 엎드려 울면서 말하였다.

세존[10]이시여

저는 전생에 무슨 죄를 지었기에 이처럼 못된 자식을 두었을까요

세존께서는 무슨 인연으로 데바닷타와 같은 이를 친족으로 두었을까요

원컨대 저를 걱정과 근심이 없는 곳으로 인도해 주소서

저는 더럽고 악한 이 세상에 더 이상 살고 싶지 않습니다

이 더럽고 악한 세상에는 지옥, 아귀, 축생들로 가득 차 있고, 악인들로 넘쳐나고 있습니다

다음 세상에서는 나쁜 소리를 듣기도 싫고 나쁜 사람과는 만나고 싶지도 않습니다

저는 지금 진심으로 참회합니다

---

10 석존은 석가족의 세존 즉 석가족에서 가장 존경받는 어른을 뜻한다. 세존世尊(바가바트Bhagavat, 바가바婆伽婆, 박가범薄伽梵)은 복덕을 갖춘 사람이나 님을 뜻한다. 한용운의 「님의 침묵沈默」에 나오는 님이 바로 바가바트다.

태양이신 세존이시여
저에게 청정한 업으로 이루어진 세계를 보여주소서

이 때 석가모니 붓다께서 미간으로부터 광명을 놓으시자 황금빛이 시방세계를 두루 비추고 다시 돌아와 황금의 좌대가 되었다. 그 모양이 마치 수미산과 같았다. 그리고 시방세계 붓다의 맑고 아름다운 국토가 모두 그 빛 속에 나타났다.

어떤 불국토는 칠보로 되어 있었고, 또 다른 불국토는 연꽃으로 꾸며져 있었다. 또 대자재천大自在天의 궁전과 같은 불국토가 있는가 하면, 수정거울 같은 불국토도 있었다. 헤아릴 수 없이 많은 불국토의 모습을 위제희 왕비에게 보여 주었다.

왕비는 붓다께 아미타불이 계시는 극락정토에 태어나고 싶으니 그 길을 가르쳐 달라고 청한다. 붓다가 은근한 미소를 짓자, 이 때 오색 광명이 입으로부터 나와 빔비사라왕과 왕비의 머리 위를 비추었다. 빔비사라왕은 비록 갇혀 있는 몸이었지만 마음의 눈에 걸림이 없어 멀리 석가모니 붓다를 뵙고 예배하자 다시는 욕계에 태어나지 않는 불환과不還果[11]의 지혜를 가지게 되었다. 이윽고 붓다께서 위제희 왕비에게 말씀하셨다.

알고 있는가
아미타불이 계시는 곳이 여기서 멀지 않다는 것을
생각을 집중하여 청정한 업으로 이루어진 저 불국토를
자세히 들여다 보라

11 불환과는 다시는 원래의 자리로 돌아오지 않고 안심할 수 있는 확정된 경지에 도달함을 뜻한다.

그곳에 태어나고자 하는 사람은 세 가지 복을 닦지 않으면 안 되니

첫째는 부모에게 효도하고 스승과 어른을 공경하며

자비심으로 생명을 죽이지 않고 열 가지 착한 일을 해야 한다

둘째는 삼보三寶(불·법·승)에 귀의하고 여러 가지 도덕적인 규범을 지키며

위의威儀를 범하지 말아야 한다

세째는 보리심을 내어 깊이 인과의 도리를 믿고 대승경전을 독송하며

다른 사람에게도 이 길을 권해야 한다

이와 같은 세 가지 청정한 업을 닦는 사람들은 서방극락정토에 태어날 수

가 있다

붓다는 신통력으로, 빔비사라왕과 위제희 왕비가 거울에 얼굴을 비춰
보듯 서방의 극락정토세계인 청정한 불국토를 보게 하였다. 그리고는 마
음을 가다듬고 생각을 한 곳에 집중하여 서쪽을 생각하는 열여섯 가지 방
법을 알려 주었다. 즉 극락정토의 주인인 아미타불, 관음보살, 대세지보살
과 극락정토의 땅, 나무, 연못, 누각 등을 16가지로 나누어 생각하게 함으
로써 그곳에 태어날 수 있는 수행법을 알려 준 것이다.[12] 이런 내용을 그린
것이 관경십육관변상도觀經十六觀變相圖다. 관경, 즉 관무량수경을 상相으로
표현한 그림이다. 윤회를 넘어선 해탈의 경지이자 심신心身의 욕락欲樂이
모두 제거된 정화된 땅, 정토淨土의 모습을 그린 것이다.

---

12 16관법은 관불觀佛의 방법으로, 관은 "생각한다"는 뜻이다. 즉 붓다의 공덕을 생각하는 것, 붓다의 32상
을 생각하는 것, 붓다의 나라인 정토를 생각하는 것이다. 16관법은 인위적으로 형상을 만들어 의식화시키는
수행법으로, 형상을 통해 어떤 경지를 이루고자 하는 역과정을 채택한 것이다.

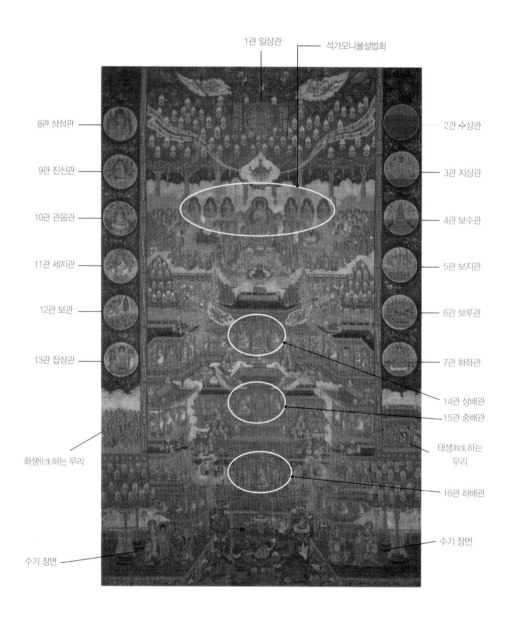

1관 일상관

석가모니불설법회

8관 상상관

9관 진신관

10관 관음관

11관 세지관

12관 보관

13관 잡상관

2관 수상관

3관 지상관

4관 보수관

5관 보지관

6관 보루관

7관 화좌관

14관 상배관

15관 중배관

태생胎生하는
무리

16관 하배관

화생化生하는 무리

수기 장면

수기 장면

관경십육관변상도觀經十六觀變相圖
고려시대 1300년경, 비단에 채색, 세로 208.8cm, 가로 129.8cm, 일본 사이후쿠지西福寺
사실 16관 수행법을 통하여 아미타불을 만났다는 기록은 통일신라시대 7세기 후반의 『삼국유사』
광덕엄장廣德嚴莊 이야기 속에서 이미 확인된다.

관경십육관변상도는 보통 그림 중앙 위아래에 상배관上輩觀(상품上品), 중배관中輩觀(중품中品), 하배관下輩觀(하품下品)이 묘사되고, 그 바로 위와 양쪽 가장자리에 일상관日想觀(해), 수상관水想觀(물), 지상관地想觀(땅), 보수관寶樹觀(나무), 보지관寶池觀(연못), 보루관寶樓觀(누각), 화좌관華座觀(연화대), 상상관像想觀(불상), 진신관眞身觀(아미타불), 관음관觀音觀(관음보살), 세지관勢至觀(대세지보살), 보관普觀(아미타불의 극락정토에 자신이 왕생하는 것), 잡상관雜想觀(아미타불과 협시보살들)이 그려진다.

상배관에는 자비심이 깊고 대승불교경전을 독송하며 육바라밀六婆羅蜜을 수행한 사람이 태어나는 상품상생上品上生, 대승의 뜻을 알고 인과의 도리를 믿는 사람이 태어나는 상품중생, 인과의 도리를 믿고 무상無上의 도道를 구하는 마음을 가진 사람이 태어나는 상품하생이 있다. 중배관에는 청정한 계율을 지키며 오역죄를 범하지 않는 사람이 태어나는 중품상생, 하루라도 팔재계八齋戒나 구족계具足戒를 지키는 사람이 태어나는 중품중생, 부모에게 효도하고 인자한 사람들이 태어나는 중품하생이 있다. 하배관에는 각 가지의 악업惡業을 행하면서도 어리석어 참회할 줄도 부끄러워할 줄도 모르는 사람이 태어나는 하품상생, 온갖 계율을 범하고 승단의 물건을 훔치며 허무맹랑한 설법을 하는 등 악업을 짓고도 스스로는 옳다고 뽐내는 사람이 태어나는 하품중생, 오역죄와 십악 등 온갖 악업을 지어 그 과보로 지옥, 아귀, 축생의 삼악도에 떨어져 오래토록 고통을 받을 사람이 태어나는 하품하생이 있다.

구품왕생하는 사람들의 면면에는 『관무량수경』이 아니고서는 결코 정토에 태어날 수 없는 사람들도 포함되어 있다. 경전을 읽다 보면, 하배관의 사람들이 정말 극락정토에 태어날 수 있는 자격이 있는가 하고 의심이 들기도 한다. 그러면서도 이 경전이야말로 보편적인 구제를 천명하는 대승불교의 대표적인 경전이라는 것을 새삼 느끼게 된다.

관경변상도에는 사람들의 구품왕생九品往生 장면이 어떻게 그려질까? 사람들은 이 세상에서 아미타불을 한 마음으로 믿으면 극락정토의 칠보지七寶池(칠보로 장엄된 연못)에 있는 연꽃에서 태어난다. 또한 아미타불에 대한 염불과 인간 세상에서 쌓은 선업에 따라 상품상생부터 하품하생까지 아홉 개의 차등화된 꽃에서 사람들은 화생化生한다. 연화화생蓮花化生하는 것이다. 상품상생하는 사람들은 죽는 즉시 왕생하여 아미타불을 만나게 되는데, 보통 활짝 핀 연꽃 속에 상반신을 드러낸 모습으로 표현된다. 나머지 왕생자들은 선업에 따라 하룻밤부터 12겁이라는 오랜 세월이 걸려 화생하게 된다.

상품상생
중품상생
하품상생

상품중생
중품중생
하품중생

상품하생
중품하생
하품하생

아미타구품인

통도사 연못

　여러 경전을 종합해 보면, 아미타불의 극락정토에 태어날 수 있는 방법이란 두 가지다. 하나는 "나무아미타불관세음보살"이라는 칭명염불이며, 다른 하나는 16관과 같은 "관상"이다. 혹자는 관상을 위제희 왕비와 같은 상근기 사람들의 염불로, 칭명을 하근기 사람들의 염불로 구분하기도 한다.

　오래된 절에 가면 마당 한 곳에 예쁜 연못이 있게 마련이다. 연못에는 연꽃이 흐드러지게 피어 있다. 비록 연못 바닥에 금모래는 없지만, 극락세계의 연못을 재현한 것임에 분명하다. 불보사찰인 양산 통도사에도 작고 앙증맞은 연못 하나가 있다. 비오는 여름, 연못에 핀 연꽃을 바라보고 있으면, 극락정토의 연못에 태어나는 자신을 상상하게 된다.

부석사 무량수전

고려시대 후기. 신라 676년(문무왕 16년)에 의상대사義湘大師가 창건한 절이다. "무량수전無量壽殿"이라는 현판은 고려
공민왕恭愍王의 친필로 알려져 있다.

부석사 무량수전 소조불좌상
고려시대 후기, 2.78m

경상북도 영주의 부석사浮石寺에는 서방극락정토의 무량수불을 모신 무량수전이 있다. 무량수전은 절의 가장 위쪽에 있다. 절 입구에서 무량수전까지 가려면 많은 계단을 올라가야 한다. 여느 절에서는 쉽게 볼 수 없는 구조다. 어느 정도 계단을 오르고, 살짝 방향을 틀어 다시 계단을 오르길 여러 번…, 마침내 현존하는 우리나라 최고의 목조건축이자 멋들어진 배흘림 기둥으로 유명한 무량수전에 이르게 된다.

전각 안에 들어서면 외관에서 느낄 수 없었던 공간의 트임에 다시 한 번 놀라기 십상이다. 열어젖힌 문 밖에는 겹겹이 연이은 소백산 봉우리들이 눈앞에 펼쳐지는데, 다름 아닌 극락정토에 내가 와 있다고 착각하게 된다.

부석사 앞 전경

전 황복사지 삼층석탑 발견 금제아미타불좌상
통일신라시대 706년, 높이 12.1cm, 국립중앙박물관.
불상은 1943년 경주 구황리九黃里 삼층석탑을 해체 복원할 때 나온 사리함 속에서 발견되었다. 사리함의 명문에 의하면, 탑은 692년에 돌아가신 신문왕神文王을 위하여 세웠다고 한다. 신문왕비와 효소왕孝昭王이 연이어 승하하자 성덕왕聖德王(702~736)이 706년에 효소왕과 신목태후神穆太后를 위하여 아미타경과 불사리 4과, 순금제아미타불상 1존을 탑 속에 봉안하였다고 한다. 절터 주변에서 "황복皇福", "왕복王福"이 새겨진 기와편이 발견되어 황복사지로 추정되어 왔다. 황복사는 의상대사가 출가한 절이다.

계유명전씨아미타불삼존석상癸酉銘全氏阿彌陀佛三尊石像
통일신라시대 673년, 높이 40.3cm, 국립공주박물관

불국사 칠보교七寶橋, 연화교蓮花橋, 안양문安養門
통일신라시대 8세기
안양은 산스크리트어 슈카바티를 의역한 것으로, 당나라 현장법사가 극락으로 번역하기 전까지 많이 사용되던 용어이다.

동화사 금당선원 수마제전須摩提殿
조선시대 1702년. 앞면 1칸, 옆면 1칸의 건물이다. 수마제는 슈카바티를 음차한 한자 표기다.

미륵불,
미래의 중생마저도

백제 무왕武王(600~641) 때 지금의 전라북도 익산시 금마면에 미륵사彌勒寺가 창건되었다. 무왕은 신라의 선화善化공주를 아내로 맞은 서동薯童(마동)왕자다.『삼국유사』에는 다음과 같은 미륵사의 창건 설화가 전해온다.

어느 날, 무왕과 선화공주는 용화산龍華山 사자사師子寺로 예불禮佛하러 가고 있었다. 산 밑의 큰 연못가에 이르자 못에서 미륵삼존이 나타남으로 예를 올렸다. 왕비는 왕에게 연못을 메워 절을 지어 달라고 한다. 왕이 허락하자 사자사의 지명법사知命法師에게 이 일을 의논하였더니 법사가 하룻밤 사이에 산을 옮겨 못을 메워 평지로 만들었다. 여기에 미륵삼존상을 만들어 봉안하였다. 전각과 탑은 각각 세 개의 영역으로 이루어졌다. 절 이름을 미륵사라 하였다.

실제 절터를 발굴하자 뻘흙이 나와 원래 연못이었다는『삼국유사』의 기록에 신뢰성을 더해준다. 그러나 몇 해 전 미륵사지 서석탑을 해체하는 과정에서 640년에 무왕의 비 사택적덕砂宅積德의 딸인 왕후가 봉안한 사리기가 나왔다. 그렇다면 무왕과 선화공주의 아름다운 설화는 허구였단 말인가? 고려시대 최고의 스토리텔러이자『삼국유사』의 저자 일연一然스님(1206~1289)이 이곳을 답사하고 재미삼아 서동왕자와 선화공주 이야기를 꾸며낸 것일까? 반드시 그렇다고만 할 수도 없다. 미륵사의 중심은 사리

사자사

기가 나온 서석탑의 서원西院이 아니라 삼원三院 중에서 목탑이 있던 중원
中院이기 때문이다.

　　미륵사는 미륵산이라고도 하는 용화산 남쪽 기슭에 세워진 삼원식三
院式(세 개의 예불 공간)의 사원으로, 각 원마다 불상과 탑을 따로 두었다. 가
운데엔 목탑이, 동서엔 석탑이 있었는데, 지금은 서원西院의 석탑만 부서
진 채 남아 있다.

　　석가모니 붓다가 열반한 후, 인간 세상에는 56억 7천만년 후에나 새
로운 붓다가 내려온다고 한다. 그 붓다가 미륵불彌勒佛(Maitreya, Mettēya, 자씨
慈氏, 자존慈尊)이다. 미륵불은 미래에 인간 세상에 온다고 하여 대표적인
미래불로 여긴다. 사실 미륵은 서아시아의 태양신 "미트라Mitra"나 "메시
아Messiah"신앙의 영향을 받아 성립되었다. 미륵불은 지금 미륵보살의 모

201

사자사에서 내려다 본 미륵사지

습으로 도솔천兜率天(Tuṣita)에 있지만, 붓다가 열반한 후 56억 7천만년이 되면 사바(인간)세계로 내려와 깨달음을 이루어 미륵불이 된다. 그리고 용화수龍華樹 아래에서 세 번에 걸쳐 설법함으로써 모든 중생들을 깨닫게 한다.

우리가 미륵보살이라고도 하고 미륵불이라고 부르는 것은 이러한 사정에서 비롯된다. 도솔천에 계실 때는 보살이지만 미래에는 우리들에게 붓다로 다가올 것이기 때문이다.

결국 미륵사는 용화수, 즉 뒷산인 용화산(미륵산) 아래에서 세 번의 설법을 상징하는 삼원식 가람배치를 하고 있는 것이다. 이렇게 되면 각 원마다 모신 분은 미륵보살이 아니라 미륵불일 가능성이 크다. 산 정상에는 도솔천에서 미륵보살이 사자좌에 앉아 계신다는 것을 나타내듯이 사자사가 있다. 사자사가 언제부터 그곳에 있었는지는 알 수 없지만, 산꼭대기는 미륵보살이 있는 도솔천을, 미륵사는 바로 용화세계를 나타낸 것으로 볼 수 있다. 동시에 미륵사의 뒷산은 용화산이자 수미산이 된다.

이야기를 쉽게 하기 위해 그림에서는 다른 시제時題를 같은 그림 속에 그리는 이시동도법異時同圖法이 자주 활용된다. 그러나 사자사나 미륵사와 같이 도솔천 내원內院의 미륵보살과 용화세계의 미륵불, 즉 두 개의 다른 시제를 실제로 한 공간 속에 펼쳐 놓은 것은 백제 사람들의 독창적인 아이디어가 아니면 불가능한 설정일 것이다.

『미륵하생경彌勒下生經』에 의하면, 바라나시에서 브라흐만 신분으로 태어난 아지타Ajita비구(아일다비구阿逸多比丘)는 석가모니 붓다가 코살라국 쉬라바스티의 기원정사에서 설법할 때 미래에 붓다가 될 것이라는 수기(예언)를 받고, 12년 후 죽어서 도솔천에 태어났다고 한다.

미륵신앙과 관련되는 경전은 대부분 천상세계인 도솔천의 아름다움과 미륵보살이 미래의 인간(용화) 세상에 내려와 사람들을 교화한다는 내용으로 꾸며져 있다. 그럼 지금 미륵보살이 계시는 도솔천과 미래에 오실 용화龍華세계는 어떤 모습일까? 수미산 꼭대기로부터 12만 유순由旬[01] 떨어진 곳에 칠보로 장엄된 도솔천이 있다. 그곳에는 많은 천인들이 살고 있는데, 키가 2리里나 되고, 4000살까지 산다고 한다. 이 수명은 인간의 수명 56억 7천만년과 같다.

한편 용화세계의 모습은 대략 이렇다. 이 세계는 물이 맑아 더러움이 없으며, 아름다운 꽃이 피어 있고, 30리나 되는 높이의 나무들로 무성하다. 사람들은 8만 4천살까지 살며, 키는 16장이나 된다. 미륵보살이 내려온 케투마티Ketumati성(翅(鷄)頭末城)은 상카Sankha(蠰佉)왕이 다스리고 있으며,

---

[01] 유순은 고대 인도의 거리 단위로, 소달구지가 하루에 갈 수 있는 거리다. 80리를 대유순, 60리를 중유순, 40리를 소유순이라 한다.

복덕이 많은 사람들로 가득 차 있다. 그곳에 사는 브라흐만 묘림妙林과 부인 범마파제梵摩波提(梵摩越) 사이에서 미륵보살이 태어난다. 석가모니 붓다가 마야부인의 몸을 통하여 태어난 것 같이 범마파제의 몸에서 태어난 것이다. 미륵은 세상의 오욕五欲[02]이 주는 괴로움에서 벗어나고자 출가하여 용화보리수龍華菩提樹 아래에서 붓다(미륵불)가 된다. 그리고 그 때까지 깨달음을 얻지 못한 사람들을 위해 세 번의 설법을 한다. 첫 번째 설법에서 96억 명이, 두 번째 설법에서 94억 명이, 세 번째 설법에서 92억 명이 깨달음을 얻게 된다.

그런데 사람들이 생각했던 미륵신앙은 과연 무엇이었을까? 죽어서는 도솔천에 태어나 미륵보살을 만나고, 56억 7천만년 후에 보살과 함께 용화(인간)세계에 내려와 붓다가 된 미륵불의 설법을 듣는 것이다. 도솔천 내원에는 미래에 인간 세상으로 하생하기 위해 기다리고 있는 미륵보살이 있고, 사람들은 그 보살을 만나기 위한 간절한 바람에서 상相(불상과 불화)을 조성하였다. 경전에서는 보살이 사자연화좌獅子蓮華座 위에 가부좌하고 있다고 하지만 실상 남아 있는 보살상에서는 사자로 꾸며진 연화대좌는 찾아볼 수가 없다. 가부좌한 미륵보살은 조선시대 후기가 되어 석가모니 붓다와 제화갈라提和竭羅보살과 함께 조성되는 것을 제외하곤 매우 드물다.

회전悔前 필筆 미륵하생경변상도 彌勒下生經變相圖
고려시대 1350년, 비단에 채색, 세로 178cm, 가로 90.3cm, 일본 신노인親王院
위쪽에는 용화수 아래에서 설법하고 있는 미륵불의 의좌 자세로 앉아 있고, 아래쪽에는
미륵불이 하생했던 인간 세상의 케투마티Ketumati성(시두말성翅頭末城)이 그려져 있다.

205

국보83호 금동미륵보살반가사유상
삼국시대, 높이 93.5cm, 국립중앙박물관

국보78호 금동미륵보살반가사유상
삼국시대, 높이 83.2cm, 국립중앙박물관

장창곡 출토 석조미륵불의좌상
신라 7세기, 높이 1.6m, 국립경주박물관

황흥5년명 석조미륵불교각상
북위 471년, 높이 87m, 서안비림박물관

　　미륵보살상은 보통 한쪽 다리를 내려뜨린 다음 그 위에다 다른 쪽 다리를 올려 놓은 반가상半跏像, 의좌에 앉은 채 두 다리를 나란히 아래로 드리운 의좌상倚坐像, 두 다리를 아래로 내린 채 발목을 X자로 교차한 교각상交脚像으로 표현된다. 이러한 보살상들은 도솔천의 미륵보살을 모델로 한 것이 아니라 용화세계에 태어나 미륵불이 되기 바로 직전의 용화수 아래의 미륵보살을 표현한 것이다.

　　가부좌한 다리 하나를 풀어서 아래로 내려 뜨려 반쪽만 가부좌하였다는 뜻의 반가半跏(반가부좌半跏趺坐)한 보살상은 미륵보살의 대표적인 예다. 국보 78호 금동보살반가사유상과 국보 83호 금동보살반가사유상도 도솔천 내원의 미륵보살이 아닌 용화세계의 용화수 아래에서 깨달음을 이루기 위해 수행하고 있는 보살상이다.

금산사金山寺 미륵전彌勒殿(용화전)
조선시대 17세기 경
3층 건물이지만, 내부는 단층으로 되어 있다. 1층에 대자보전大慈寶殿, 2층에 용화지회龍華之會, 3층에 미륵
전彌勒殿이라는 현판이 걸려 있다. "대자"는 미륵의 다른 이름이 자씨이기 때문이며, "용화지회"는 용화수
아래에서 설법하기 때문이다.

　　과거 선조들은 종종 자신이 살고 있는 세상이야말로 미륵불이 온 용화세계라고 믿었다. 때를 잘못 맞춰 태어나 석가모니 붓다의 가르침을 직접 받을 기회를 놓친 사람들은 여덟 번째로 인간 세상에 오실 미륵불이 미리 자기가 살고 있는 세상에 내려와 가르침을 준다고 믿었던 것이다.[03]

　　사람들은 용화전龍華殿(미륵전彌勒殿)에 미륵불상과 미륵불의 가르침을 듣기 위해 모인 모습인 용화회상도龍華會上圖을 걸어 두고 미륵불을 만나길 고대하였다. 때로는 사람들이 많이 지나가는 고갯마루의 잘 보이는 거대한 바위에 불상을 새겨 미륵불이라고 여기며 예불하였다.

03　팔리Pali어본 경전에 언급된 과거칠불은 다음과 같다. 제1불 비파신Vipaśyin불(毘婆尸佛), 제2불 시킨Śikhin불(尸棄佛), 제3불 비사부Viśvabhū불(毘舍浮佛), 제4불 크라쿠찬다Krakucchanda불(拘留孫佛), 제5불 카나카무니Kanakamuni불(拘那含牟尼佛), 제6불 카사파Kāśyapa불(迦葉佛), 제7불 샤카모니(석가모니)불, 제8불 마이트레야(미륵)불이다.

	장업겁 1불	
과거 장엄겁 천불	⋮	과거칠불
	장업겁　998 비파신불	
	장업겁　999 시킨불	
	장업겁 1000 비사부불	
	현 겁　　1 크라쿠찬다불	
현재 현겁 천불	현 겁　　2 카나카무니불	
	현 겁　　3 카사파불	
	현 겁　　4 샤카모니불(석가모니불)	지금 시점
	현 겁　　5 마이트레야불(미륵불)	
	⋮	미래불
	현 겁 1000	
미래 성수겁 천불	성수겁　　1불	
	⋮	
	성수겁 1000불	

관촉사 석조미륵보살입상
고려시대 초기, 높이 18.12m

파주 용미리 마애불상
조선시대 15세기, 높이 17.4m

충청남도 논산의 관촉사 석조미륵보살입상은 고려시대 사람들의 미륵신앙을, 경기도 파주의 용미리 마애불상은 조선시대 사람들의 미륵신앙을 보여준다. 관촉사 석조미륵보살입상은 신체 비례가 다소 어색하지만 서너 개의 돌을 쌓아 올려 만든, 당시로서는 처음 시도된 파격적인 방법으로 만들어 졌으며, 용미리 마애불상도 고갯마루의 거대한 바위를 몸통으로 삼고 그 위에 따로 만든 머리를 턱 허니 올려놓은 독특한 모습을 하고 있다.

어려운 세상살이에서 벗어나는 문제는 미래에 오실 구세주인 미륵불만이 해결할 수 있다고 믿었던 것이다. 이러한 신앙으로 인해 전국 곳곳에서 미륵불이 많이 조성되었다. 용미리 마애불상은 미륵신앙이 불교가 억압받던 조선시대에도 여전히 계속되고 있었음을 알려 준다.

약사불,
병든 자에게 약을

불교가 처음 우리나라로 들어올 때, 전통적인 신앙의 기득권에 막혀 자리 잡는데 적지 않은 어려움을 겪었다. 결국 불교가 우리나라 종교가 될 수 있었던 것은 인간 세상의 현실적인 삶과 관련되는 이들 신앙과 달리, 죽은 후 태어날 내세來世를 보장하였기 때문이었다. 그렇다고 하여 마냥 내세에 대한 보장만으로 버틸 수는 없었으며, 현실적인 대안도 제시할 필요가 있었다. 즉 불교를 믿으면, 내세의 보장 뿐만아니라 인간 세상에서도 원하는 바를 바로 구할 수 있다고 강조하기 시작하였고, 이 과정에서 생겨난 붓다가 약사불藥師佛(Bhaiṣajya-guru)이다.

금동약사불입상
통일신라시대 8세기, 높이 29cm,
국립중앙박물관

사람들은 아프면 약국에 가서 약을 사서 먹는다. 약국에 가면 약을 주는 약사가 있듯이 불교계에도 죽음을 초래하는 질병으로부터 사람들을 지켜주는 약사불이 있다. 약사불이 약국의 약사와 다른 것은 단지 질병만 치료해 주는 것이 아니라 죽음을 물리칠 수 있는 힘까지 준다는 점이다. 언제든지 사람들이 원하면 약을 주기 위해 약사불은 항상 손에 약합을 들고 있다. 질병과 죽음의 고통이 없는 세상을 원했

백률사 柏栗寺 금동약사불입상
통일신라시대 8세기, 높이 1.79m,
국립경주박물관

던 사람들에 의해 또 다른 붓다, 약사불이 출현한 것이다.

　　약사불은 붓다가 되기 전 보살일 때, 열두 가지의 커다란 서원誓願[01]을

213

김천金泉 직지사直指寺 약사불회도藥師佛會圖 부분
조선시대 1744년, 비단에 채색, 세로 600cm, 가로 240cm

세워 사람들의 육체적인 병을 낫게 하거나 심적인 병을 제거해 주고자 노력하였다. 보살이 세운 서원은 사람들이 사후에 삼악도三惡道(축생, 아귀, 지옥)에 떨어지지 않고, 굶주림에서 벗어나 풍족한 생활을 할 수 있게 하는 등 사람들에게 많은 호응을 끌어낼 수 있는 것들이었다.

『삼국유사』에는 약사신앙의 현실적인 면을 보여주는 내용이 있다. 즉 선덕善德여왕이 오랫동안 병이 낫지 않자 밀본密本스님께 치료해 줄 것을 부탁한다. 스님이 침실 밖에서 『약사경』을 읽기 시작하자 신비로운 빛이 방안으로 들어와 여왕은 씻은듯이 병이 나았다고 한다.

경상북도 김천의 직지사直指寺 대웅전에는 조선시대 1744년에 그린 약사불회도藥師佛會圖가 있다. 그림 중앙에 약합을 든 약사불이 앉아 있고, 보살과 제자들이 둘러싸고 있다. 그림 위 양쪽에는 약사십이신장藥師十二神將[02]이 표현되어 있다. 12신장은 약사불이 보살일 때 세웠던 12가지 소원을 약사불의 명령을 받아 수행하는 역할을 한다. 대부분의 약사불회도가 그렇듯이 이 그림도 관경변상도와 닮았다. 『약사경』에는 약사 정토에 대한 구체적인 기록이 없어서 관경변상도의 형식을 빌려 쓰기 때문이다.

약사불 위에는 설법을 듣기 위해 온 반신상의 타방불他方佛 2존이 그려져 있다. 병든 사람을 구제하는 사실적인 묘사가 그림에는 보이지 않지만 불상이 든 약합 하나만으로도 병든 사람을 구제하겠다는 염원을 충분히 읽을 수가 있다.

약사불에 대한 사람들의 믿음이 얼마나 컸던지 절에서는 약사전藥師殿이 단독의 전각으로 세워졌다. 전각 속에는 약사불을 중심으로 일광日光보살과 월광月光보살이 모셔져 있다. 보통 그 뒤쪽에는 약사 정토를 묘사한

02 약사십이신장은 쥐, 소, 호랑이, 토끼, 용, 뱀, 말, 양, 원숭이, 닭, 개, 돼지의 얼굴이 표현된 무장한 사람의 모습이다. 이들은 각각 7천의 권속을 이끌고 8만4천의 번뇌를 제거하여 깨달음을 얻게 한다.

경남 창녕昌寧 관룡사觀龍寺 약사전
조선시대 15세기 경

약사불회도(약사회상도, 동방약사유리광회상도東方藥師琉璃光會上圖)가 걸려 있다.

하남시 교산동 선법사禪法寺 약사여래좌상
고려시대 977년경, 가로 51cm, 세로 94cm

지장보살과 관음보살,
사람들과 친근한 또다른 붓다

지금까지 석가모니 붓다의 일생을 더듬어 보면서 한 인간이 붓다가 되기까지의 여정을 엿볼 수 있었다. 그런데 왜 고타마 싯다르타 태자는 속세의 즐거움을 버리고 수행자의 길을 선택했을까?

몇 번의 윤회를 경험한 붓다는 윤회 자체가 괴로움이라는 것을 느끼고 윤회를 벗어나는 길, 즉 해탈의 길을 모색한다. 알다시피 해탈의 경지에 이른다는 것은 보통 사람으로서는 상상조차 할 수 없는 어렵고 어려운 일이다.

경전에서는 붓다가 되기 전의 존재를 "보살"로 묘사한다. 석가모니 붓다도 그랬다. 보살菩薩01이란 붓다가 되기 바로 전의 경지다. 붓다가 될 수 있는 후보자인 셈이다. 보살은 보리살타菩提薩埵의 약어로, 산스크리트어 보디사트바Bodhisattva의 중국식 음차다. 이를 우리식으로 읽으면 보살(보리살타)이 된다. 보디는 "깨달음"을, 사트바는 "중생"을 뜻한다. 즉 보살은 육바라밀六波羅蜜(Pāramitā)02을 수행하여 위로는 깨달음을 구하고, 아래로는 중생들을 교화하는 분이다. 미래에 붓다가 될 수 있으면서도 지금은 중생 교화를 목적으로 삼는 분이다. 우리나라에서는 여성 불교도를 보살로 부

---

01 보살菩薩은 "각유정覺有情", "도유정道有情", "도심중생道心衆生", "개사開士", "시사始士", "성사聖士", "초사超士", "무쌍無雙", "법신法臣", "대성大聖", "대사大士" 등으로 번역된다. 스스로 깨달을 수 있는 능력이 있음에도 불구하고 인간 세상에 머물며 중생들을 먼저 이상 세계인 피안에 도달하게 하는 뱃사공과 같은 역할을 한다.

02 바라밀(바라밀다pāramitā)의 바라pāra는 "저쪽으로", 밀다mita는 "간다"의 뜻으로, "저쪽으로 간다", "피안에 도달하다"는 의미다. 즉 생사의 고통이 있는 차안에서 해탈과 열반의 피안에 이르는 길을 말한다. "도피안到彼岸" 혹은 "도度"를 뜻한다. 육바라밀은 피안에 이르는 여섯 가지 실천 방법으로, 보시布施바라밀, 지계持戒바라밀, 인욕忍辱바라밀, 정진精進바라밀, 선정禪定바라밀, 지혜智慧(반야般若)바라밀을 말한다.

관음지장도觀音地藏圖

고려시대 후기, 비단에 채색, 세로 99cm, 가로 52.2cm, 일본 사이후쿠지西福寺

관음보살은 화불이 표현된 화려한 보관을 쓰고 오른손으로 정병을 들고 있으며, 지장보살은 민머리에 보주를 들고 있다. 고려시대 말부터 조선시대 전기까지 관음보살과 지장보살 신앙이 유행하면서 나란히 표현되었다. 이런 형식은 우리나라만의 특징이 아니라 중국에서 당나라 때 둔황敦煌 막고굴莫高窟이나 송나라 때 쓰촨성四川省 대족大足석굴에서 이미 나타난다. 경상북도 상주 남장사 감로도 등 조선시대 후기의 감로도에서도 함께 표현되어 있다.

른다. 이는 보살을 사람들이 깨달음을 얻도록 도와주는 조력자로 여기고 있음을 간접적으로 보여주는 것이기도 한데, 깨달음이라는 새로운 탄생을 형상화하는 이미지는 남성보다는 여성과 어울리기 때문일 것이다.

사실 보살들이 붓다 못지않게 얼마나 인기가 있었는지는 절에 가 보면 알 수 있다. 불상을 모신 전각에는 대웅전이니 비로전이니 하는 "전殿"자가 붙는다. 이보다 격이 낮은 존상들을 모신 곳은 대부분 나한당羅漢堂과 같이 "당堂"이다. 그러나 보살임에도 불구하고 사람들에게 특히 인기가 있었던 지장보살과 관음보살은 지장당이나 관음당이 아닌 지장전과 관음전이라는 번듯한 전각에 모셔졌다. 지장보살과 관음보살이 그 만큼 인기가 있었던 것이다. 어떤 면에서는 사람들이 이들 보살을 붓다보다 좀 더 가깝게 느끼고 있을 지도 모른다.

남장사 감로도
조선시대 1701년, 비단에 채색, 세로 233cm, 가로 238cm, 상주 남장사
그림 위쪽의 7존의 붓다 우측에 지장보살과 관음보살이 함께 표현되어 있다.

지장보살,
지옥까지 가서라도 중생 구원을

사람이 죽으면 저승사자가 와서 데려 간다고들 말하는데, 이때 두 명의 저승사자가 망자를 찾아온다고 한다. 망자의 지은 죄를 기록하여 저승의 왕들에게 전달하는 직부直符사자와 죽은 자를 살피거나 감시하는 감재監齋사자다. 그래서 직부사자는 항상 두루마리 종이를 들고 있으며, 감재사자는 창을 들고 있다.

직부사자直符使者
조선시대 18세기, 삼베에 채색,
세로 142.3cm, 가로 85.5cm, 국립중앙박물관

감재사자監齋使者
조선시대 18세기, 삼베에 채색,
세로 133cm, 가로 86.5cm, 국립중앙박물관

업경대業鏡臺
조선시대 19세기, 높이 98.2cm, 너비 36.4cm, 국립중앙박물관
사람이 죽은 후 저 세상에 가면 인간 세상에서 지은 죄가 낱낱
이 이 거울 속에 비친다. 염라대왕은 거울에 비친 죄목을 장부
에 적어 죄의 경중에 따라 가야할 지옥을 결정한다. 이 업경대
는 사자 받침 위에 연화좌를 마련하고 거울을 세운 모습이다.
현재 거울로 사용된 청동판은 떨어져 나간 상태다.

　　사람이 죽은 후, 그의 업보業報(Karma, 행한 바에 따른 보답)에 따라 육도六
道01 중 어디에 태어날 것인지 결정되는 데는 총 49일02이 걸린다고 한다.
하여 사람이 죽은 후 사십구재를 지내는 것이다. 그러나 우리나라에서는
유교식 장례법인 삼년상과 결합하면서, 7일마다 일곱 번과 100일째, 소상
小祥(1년), 대상大祥(3년) 때까지 전부 열 번에 걸쳐 생전의 행업行業에 대하
여 재판을 받는다고 생각하였다. 업보에 따라 재판을 받는 사람들은 거짓
말을 하려 해도 업경대業鏡臺에 그 죄가 명백하게 비춰짐으로써 아예 거짓

01　육도는 육취六趣라고도 하며, "도"나 "취"는 "나아가는 세계나 장소"를 뜻한다. 윤회輪廻(saṃsāra)는 중
　　생들이 천도天道(deva, 신적 존재), 인도人道(manuṣya), 아수라도阿修羅道(asura, 마신魔神, 악신惡神), 축생도畜生道
　　(tiryagyoni), 아귀도餓鬼道(preta, 귀신), 지옥도地獄道(nāraka, 최저의 존재)에 끊임없이 나고 죽는 것을 말한다. 윤회
　　의 관념은 원래 브라흐만교의 중요한 교의敎義였는데, 불교에서 차용한 것이다. 석가모니 붓다도 전생에 브
　　라흐만과 코끼리, 원숭이 등으로 윤회하였다.
02　49는 석가모니 붓다가 나이란자나강에서 목욕 후 수자타에게 받은 음식을 49개의 조각으로 나누었던
　　것과도 관련된다.

선운사禪雲寺 참당암懺堂庵 명부전
조선시대 후기. 선운사의 암자인 참당암의 명부전은 한 건물을 나누어 응진전과 함께 있는 것이 특징이다.

말을 할 수도 없다. 명부전冥府殿과 지장전地藏殿에 모셔진 대왕이 열 명인 것도 이런 이유 때문이다. 열 명의 대왕[03] 중에서 우리에게 가장 잘 알려진 염라대왕閻羅大王은 다섯 번째 대왕이자 대왕 중의 우두머리다. 그래서 다른 왕들은 대부분 원유관遠遊冠을 쓰는 반면, 염라대왕은 천자의 면류관冕旒冠을 쓴다. 한편 열 번째 대왕인 오도전륜대왕五道轉輪大王은 사람들이 다시 태어날 곳을 결정하는데, 갑옷을 입은 장군 모습을 하기도 한다.

---

03   시왕은 제1 진광秦廣대왕, 제2 초강初江대왕, 제3 송제宋帝대왕, 제4 오관五官대왕, 제5 염라閻羅대왕, 제6 변성變成대왕, 제7 태산泰山대왕, 제8 평등平等대왕, 제9 도시都市대왕, 제10 오도전륜五道轉輪대왕이다.

선운사禪雲寺 지장보살좌상
고려시대 14세기, 높이 96.9cm. 석가모니 붓다는 그의 열반
후 미륵불이 인간 세상에 올 때까지 중생을 구제하는 역할
을 지장보살에게 부탁하였다.

봉화 청량사 목조지장보살반가상
조선시대 1578년, 132.3cm

　　지장보살은 열 명의 대왕들이 재판하는 곳에 나타나 사람들이 지옥
에 빠지지 않게 구제하는 노력을 한다. 그래서 항상 죄를 벌하는 곳에서
측은해 하는 모습으로 표현된다. 지옥의 막다른 상황에서도 사람들이 참
회하며 지장보살을 찾는다면, 보살은 지옥의 문을 깨뜨릴 수 있는 석장錫
杖(육환장六環杖)과 어두컴컴한 지옥을 비출 수 있는 보주寶珠를 가지고 그
고통에서 벗어나게 해 준다.[04] 때론 지옥문을 지키고 서서 사람들이 들어
가지 못하게 하며, 그 문을 부수어서 그곳에서 고통 받는 사람들을 극락

04　『지장보살십륜경』에 묘사된 지장보살은 삭발한 사문이 가사를 걸치고 육환장(육바라밀을 상징하는 6개의 고
리가 달린 지팡이)과 보주(여의주. 명주明珠)를 들고 있는 모습이다. 조선시대 후기, 이규경李圭景의 『오주연문장전
산고五洲衍文長箋散稿』에는 지장보살이 육환장을 휘둘러 지옥의 문이 열리면 신수神水로써 고통받는 중생을
씻어 준 다음 업풍業風을 불어 본래의 모습을 만들어 준다는 기록이 있다.

전등사 명부전 지장보살과 시왕

조선시대 1636년, 지장보살상 103cm

제10 오도전륜대왕 · 제8 평등대왕 · 제6 변성대왕 · 제4 오관대왕 · 제2 초강대왕 · 무독귀왕 · 지장보살 · 도명존자 · 제1 진광대왕 · 제3 송제대왕 · 제5 염라대왕 · 제7 태산대왕 · 제9 도시대왕

지장시왕의 역할

시왕 : 명계를 다스리며 망자의 생전의 죄업을 판단함

일칠일	제1진광대왕	망자의 목에 못을 박는 형벌
이칠일	제2초강대왕	망자의 오장육부를 꺼내는 형벌
삼칠일	제3송제대왕	망자의 혀를 빼낸 다음 쟁기질하는 형벌
사칠일	제4오관대왕	물이 펄펄 끓는 솥에 망자는 넣는 형벌
오칠일	제5염라대왕	업경業鏡에 망자의 죄를 비춰 봄
육칠일	제6변성대왕	칼밭에 망자를 던지는 형벌
칠칠일	제7태산대왕	망자를 톱으로 자르는 형벌
백 일	제8평등대왕	망자를 압사시키는 형벌
일 년	제9도시대왕	업칭業秤(저울)으로 죄의 가볍고 무거움을 단 다음 망자를 얼음산에 던지는 형벌
삼 년	제10오도전륜대왕	법륜대法輪臺를 통해 망자가 육도윤회함

쌍계동자 : 죽은 영혼이 생전에 지은 죄업을 밝힘

판관 : 시왕의 판결을 보좌함

옥졸(우두옥졸牛頭獄卒과 마두옥졸馬頭獄卒) : 형 집행을 맡음

정토로 인도한다.

경전에는 지장보살이 두건을 쓰고 가사를 입고 있으며, 왼손에는 연꽃을, 오른손은 시무외인을 결한 모습으로 묘사된다. 혹은 왼손에 연꽃을, 오른손에 보주를 든 모습으로 표현되기도 한다. 그러나 우리나라에서는 『연명지장경延命地藏經』에 근거하여 한 손엔 석장을, 다른 손엔 보주(여의주)를 든 모습으로 표현된다.

인도 브라흐만교의 대지의 신 지천地天(Prthivī)에서 유래된 지장地藏(乞叉底蘗婆, Kṣitigarbha)은 어머니가 태 속에서 아기를 키우고 땅이 만물을 길러내는 것과 같은 힘을 지닌 보살이다. 지장보살은 석가모니 붓다의 열반 후, 미륵불이 인간 세상에 올 때까지 붓다가 없는 오탁악세五濁惡世[05]에서 고통 받는 사람들을 제도하고 육도에 윤회하려는 사람들을 모두 구제하려는 커다란 원력願力을 가진 보살이다. 지옥에 한 사람이라도 남아 있다면, 자신은 결코 붓다가 되지 않겠다고 맹세한 보살이기도 하다. 그래서 대원본존지장보살大願本尊地藏菩薩이라고 한다.

7세기 후반에 번역된 『지장보살본원경地藏菩薩本願經』에는 지옥에서 고통 받는 사람들을 구제하는 지장보살의 역할이 기록되어 있다. 이 경전은 석가모니 붓다가 도리천에서 어머니 마야부인을 위하여 설법한 내용을 모은 것이라고 한다. 물론 이 경전도 대승불교경전이기 때문에 석가모니 붓다와 직접적인 관련은 없다. 경전에는 지옥의 여러가지 모습이 적나라하게 묘사되어 있고, 부모와 조상을 지옥으로부터 천도하여 극락정토에 왕생하도록 하는 공덕들이 서술되어 있다.

---

05 오탁악세란 편안하고 즐거운 때가 없는 세상(겁탁劫濁), 착한 생각을 가진 사람들이 밀려나는 세상(견탁見濁), 악질의 사람들이 많은 세상(번뇌탁煩惱濁), 사람들의 자질이 극도로 탁한 세상(중생탁衆生濁), 사람들의 수명이 점점 짧아지는 세상(명탁命濁)을 말한다.

북지장사 지장보살도
조선시대 1725년, 비단에 채색, 세로 224.2cm, 가로 179.4cm

지장보살도
고려시대 14세기, 비단에 채색,
세로 104cm, 가로 55cm, 삼성미술관 리움

대구 팔공산의 북지장사北地藏寺에는 걸려 있는 조선시대 1725년의 지
장보살도06를 보면 그 분위기를 좀 더 쉽게 이해할 수 있다. 그림 중앙에
왼쪽 다리를 내린 반가부좌의 지장보살이 있다. 파르스름한 민머리를 하
고, 왼손엔 석장을 잡고 있다. 제일 아래에는 도명존자道明尊者07와 무독귀

06 지장보살도는 『지장십륜경地藏十輪經』, 『지장본원경地藏本願經』, 『점찰선악업보경占察善惡業報經』 등 지장삼
부경地藏三部經의 내용을 그린 것이다.
07 도명존자는 중국 양주揚州 개원사開元寺의 승려로, 당나라 778년에 저승사자의 실수로 우연히 사후 세
계를 경험하던 중 지장보살을 만났다고 한다. 고려시대에는 노승으로, 조선시대에는 젊은 사미승으로 표
현된다.

왕無毒鬼王,[08] 원유관遠遊冠을 쓴 시왕, 사자使者가 표현되어 있으며, 그 위에 는 합장하거나 홀笏을 들고 있는 시왕과 판관이, 다시 그 위에는 면류관 을 쓴 제5 염라대왕과 제6 변성대왕이 있다. 이들 위쪽에는 팔부중과 아 귀, 범천, 제석천이 있으며, 제일 위에는 6존의 보살이 있다. 이들은 육광 보살六光菩薩[09]로, 용수龍樹보살, 다라니陀羅尼보살, 금강장金剛藏보살, 상비常 悲보살, 지지持地보살, 관음보살이다. 지장보살이 육도에 빠진 중생들을 구 제하는 것을 돕는다. 지장보살도가 명부전과 지장전의 불단佛壇 탱화幀畫 로 걸린다면, 지장시왕도는 대웅전, 극락전 등 사찰의 중심 불전의 영단靈 壇 탱화로 걸리는 것이 일반 적이다.

경상남도 고성의 옥천사 玉泉寺 지장시왕도 중 제5 염 라대왕도를 보자. 그림 중앙 위쪽에 면류관을 쓴 염라대 왕이 크게 그려져 있다. 앞쪽 의 판관이 죄인의 악행을 적 은 책을 들고 염라대왕에게 보고하고 있다. 그 밑의 업경 대에는 망자들이 인간 세상 에서 지은 악행이 비춰지고 있다. 오른쪽 아래에는 방아

옥천사玉泉寺 지장시왕 중 제5 염라대왕도
조선시대 후기, 비단에 채색, 세로 165cm, 가로 117cm

---

08 무독귀왕은 사람들의 악한 마음을 없애 주는 귀왕이다. 보통 원류관을 쓴 채 합장하거나 경궤經櫃, 홀笏 등을 들고 있는 제왕이나 문관의 모습으로 표현된다.

09 육광보살은 『예수시왕생칠재의촬요五修十王生七齋儀撮要』에 나오는 보살들이다. 이 책에 근거하여 이루어 지는 예수재는 사후에 받아야 하는 죄값을 생전에 미리 치르는 불교 의식을 말한다.

로 죄인들을 찢어서 고통을 주는 모습이 보인다.

조각이든 불화든 지장보살은 화려한 보관을 쓰지 않고 민머리를 하거나 두건을 쓴 승려상으로 표현된다. 가끔 손끝에 육도六道가 표현되기도 하는데, 육도의 중생을 구제하는 보살의 성격을 나타낸 것이다.

지장보살은 명부전과 지장전에서 만날 수 있다. 명부, 즉 저승 세계를 막힘없이 넘나들 수 있기 때문에 이 이름이 사용되었다. 전각 속에는 지장보살을 중심으로 도명존자와 무독귀왕이 양옆에 서 있으며, 그 좌우에 시왕十王을 배열하고 판관判官, 녹사, 사자使者, 금강역사, 동자 등을 배치한다.

한편 우리나라 조선시대에는 인도와 중국에는 없는 감로도甘露圖라는 독특한 장르의 불화가 그려졌다.[10] 이 그림은 망자의 영혼을 지옥에서 극락정토로 보내는 영가천도의식을 그린 것이다. 지옥에 떨어진 영혼들을 천도하는 반승飯僧 의식[11]을 통하여 아미타불과 관음보살이 망자의 영혼을 극락정토로 인도하는 내용이다. "달콤한 이슬"이라는 뜻의 "감로Amṛta"[12]는 한 방울만 삼켜도 괴로움에서 벗어날 수 있다고 한다. 아귀도餓鬼道와 지옥도에 빠진 중생들은 감로를 마심으로써 극락정토에 태어날 수 있는데, 이 장면을 그린 것이 감로도. 감로도는 지장신앙과 아미타정토신앙이 하나의 그림 속에 어우러진 독창적인 우리나라 불화라 할 수 있다.

---

10 감로도는 상단, 중단, 하단으로 구성된다. 불보살의 공간인 상단에는 망자의 영혼을 극락정토로 인도해
준다는 인로왕보살引路王菩薩과 아미타불삼존, 죽은 사람의 업장 소멸과 극락왕생을 돕는 칠존의 여래가 그
려진다. 중단은 불교 의식이 진행되는 현실적인 공간으로, 재를 주관하는 승려와 큰 아귀가 그려진다. 하단
에는 『지장시왕경』에서 볼 수 있는 지옥의 처참한 장면과 아귀도의 양상, 횡사한 외로운 영혼, 육도의 여러
모습이 표현된다. 아귀와 관련된 의식은 중국의 시아귀회도施餓鬼會圖, 일본의 웅야관심십계도熊野觀心十界圖
에서도 확인된다.

11 반승 의식은 스님들에게 음식을 공양하는 것을 말한다.

12 감로甘露(amṛta, 不死)는 중생을 구제하는 가르침이나 음식에 비유된다. 이것을 먹으면 고통받는 중생들은
지옥에서 벗어나 해탈에 이를 수 있다고 한다.

감로도
조선시대 1681년, 비단에 채색, 세로 183.5cm, 가로 184.5cm, 개인소장

　사실 감로도의 내용은 『우란분경盂蘭盆經』을 각색한 것이다. 석가모니 붓다의 제자 목련존자目蓮尊者는 돌아가신 어머니가 아귀도에 떨어져 제대로 먹지 못하는 고통을 당하자, 붓다께 그곳에서 벗어나게 해 달라고 부탁한다. 붓다는 그에게 참회의 날에 어머니의 극락정토왕생을 위하여 시방의 여러 붓다와 스님들에게 백가지의 음식을 공양하게 한다. 이로써 목련존자의 어머니는 극락정토에 다시 태어나는 복락을 누린다. 지금도 절

감로도
조선시대 18세기, 모시에 채색, 세로 200.7cm, 가로 193cm, 국립중앙박물관

모든 감로에게 가장 눈에 띄는 것은 아귀들이다. 아귀들의 표현은 곧 이곳이 평생 배고픔에 고통받는 아귀의 세상인 아귀도라는 것을 알려준다. 커다란 밥그릇을 들고서 감로수의 보시를 기다리며 붓다와 보살을 바라보는 아귀들은 다름 아닌 중생이다. 7존의 붓다로부터 감로수를 받은 아귀들은 인로왕보살의 인도로 극락정토에 이를 수 있다. 이 그림의 중앙에는 항하수恒河水를 가로지르는 금교金橋(혹은 은교銀橋)가 놓여 있는데, 이 다리는 다름 아닌 이 세상과 저 세상을 연결해 주는 역할을 한다. 강 이쪽 언덕(차안此岸)에는 큰 아귀를 선두로하여 무수하게 많은 작은 아귀들이 구원의 손을 뻗치고 있는 강 저쪽 언덕(피안彼岸)에 있는 2존의 인로왕보살을 향하고 있다. 아마 선두에 선 아귀는 아귀의 모습을 한 지장보살이거나 관음보살일 것으로 추정된다.

에서는 음력 7월 15일을 백중절白衆節로 삼고 우란분재를 지낸다.[13]

대부분의 감로도는 그림 위쪽에 아미타불과 7존의 붓다가 지옥에 빠진 영혼들을 구제하기 위해 내려오는 장면이 있다. 망자의 영혼이 극락정토에 왕생하는 것을 돕는 다보多寶불, 보승寶勝불, 묘색신妙色身불, 광박신廣博身불, 이포외離怖畏불, 아미타불, 감로왕甘露王불이다. 왼쪽 위에는 인로왕引路王보살이 사람들을 극락정토로 인도하고 있다. 그림 중앙에는 재를 지내기 위한 공양물이 마련되어 있다. 제일 아래쪽엔 주로 지옥의 모습과 인간 세상에서 벌어지는 온갖 사건들이 사실적으로 묘사되어 있다. 감로도에서 빠지지 않고 등장하는 아귀는 사실 관음보살이 변신한 것이다. 관음보살이 직접 고통을 느끼기 위하여 자신의 몸을 고통 받는 아귀의 몸으로 바꾼 것이다. 아귀의 입에는 항상 불꽃이 표현되어 있는데, 이는 목련존자가 아귀도에 빠진 어머니에게 밥을 공양하자 음식이 모두 불꽃으로 변했다는『우란분경』의 내용과 관련된다.

지장보살과 아미타불, 인로왕보살의 도움으로 지옥에서 벗어나 극락정토에 태어나는 내용을 그린 것이 감로도라면, 산 전체를 지옥부터 깨달음(붓다)의 세계까지 망라한 곳이 바로 금강산金剛山이다.『화엄경』의 제보살주처품諸菩薩住處品에는 가섭존자가 법기法起(법희法喜)보살이 되어 큰 바다 가운데 솟아 있는 금강산에서 1만 2천의 보살을 거느리고 진리의 대법大法인 반야바라밀경을 설법한다고 기록되어 있다. 이 일만이천의 보살들은 문수봉, 반야봉, 관음봉 등 금강산 일만이천봉으로 표현되었다. 법기보

---

13   감로도는 목련존자가 아귀도에서 고통 받고 있는 어머니를 구제한다는『우란분경盂蘭盆經』의 내용을 도해했다고 하여 우란분경변상도라고 하며, 영혼을 위무하는 내용을 그렸다고 하여 영단靈壇탱화라고 한다. 그러나 그림 아래쪽에 그려지는 다양한 내용이 수륙재水陸齋를 지낼 때 하단에 봉안되는 것과 일치하여 수륙재와 연관될 가능성도 있다. 한편 수륙재가 축소되면서 수륙의궤와 관련된 다양한 도상을 간소화하여 하나의 그림으로 그린 것으로 보기도 한다.

살이 보살들에게 설법한 장소인 금강산과 그 내용인 반야바라밀경은 『금강반야바라밀경金剛般若波羅蜜經』에서 따온 것이다. 즉 금강석 같은 굳건한 지혜로, 생사의 고통을 받는 이 언덕에서 깨달음의 저 언덕에 이르는 법을 설한 내용이다. 금강산에는 또한 앞서 언급한 것과 같이 지옥과 관련된 지명도 있는데, 황천강黃泉江과 업경대業鏡坮가 그것이다. 땅 속 저 깊은 지옥에서부터 수미산 위 깨달음의 저 언덕까지를 산 전체에 입힘으로써 불교적 세계관을 실재하는 공간 속에 입체적으로 표현한 곳이 금강산인 것이다.

금강산사대찰전도金剛山四大刹全圖 부분
대한제국 1899년, 종이에 목판인쇄, 세로 105cm, 가로 69.5cm, 영남대학교박물관

관음보살,
중생의 소리에 귀 기울이다

인간 세상을 포함하여 욕계에 사는 생명들의 삶 속에는 여러 가지의 고통이 따른다. 그 고통의 소리를 가장 잘 듣고 해결해 주는 보살이 관음觀音(관세음)보살Avalokiteśvara이다.[01] 이란의 여신 "아나히타Anahita" 와 같이 사람들[세]이 간절히 원하는 소리[음]를 본다[관]. 그래서 사람들

의 현실적인 욕구를 가장 잘 해결해 주는 보살이라고 할 수 있다. 이 보살은 이 세상에서 이러한 복을 가져다 주고, 아미타불을 모시면서 극락정토에 왕생하는 망자의 영혼들을 이끌어주는 역할도 한다. 사람들의 입장에서 보면, 살아서나 죽어서나 가장 의지하지 않으면 안 되는 보살인 것이다.

선산출토 금동관음보살입상
신라 7세기, 높이 34cm, 국립대구박물관

---

01 관세음보살觀世音菩薩은 아발로키테슈바라Avalokiteśvara의 의역이다. "아파로길저사파라阿婆盧吉低舍婆羅" 와 "아박로지다이습벌라阿縛盧枳多伊濕伐羅"로 음차되며, "광세음光世音", "관자재觀自在", "관세자재觀世自在"로 도 번역된다. 관음觀音과 관세음觀世音은 "소리를 듣는 분", "세상의 소리를 듣는 분"이라는 뜻이다. 보통 관음보살은 아미타불의 협시로서 보관에 화불이 표현된다. 때론 정신적·육체적 병을 낫게 해 주는 맑은 물을 담은 정병을 들고 있다.

성모 마리아상
근대, 아산 공세리성당
공세리 성당은 1895년에 시작되었으며, 현존하는 고딕양식의 성당 건물은 1922년에 건립되었다.
우리나라 천주교 성당에서 성모 동산을 만들고 성모상을 모시기 시작한 것은 1950년대 중반부터다. 성모 마리아상은
긴 묵주를 들고 슬픈 표정이나 무표정한 모습의 두르드Lourdes의 성모 마리아 형식을 따르고 있다.
영어로 마돈나(우리가 사랑한 여인)지만, 일반적으로 "신이 사랑한 여인"을 뜻하는 마리아로 불린다.

    서양 중세 기독교에서는 성모 마리아를 슬픔의 여인(Lady of Sorrows)이
라고 불렀다. 아들 예수께서 십자가에 못 박혀 죽는 운명임을 알기에 슬
퍼하지 않을 수 없었기 때문이다. 서양 중세가 되면 성모 마리아의 이 슬
픈 모습이 기독교 신자들의 아픔을 포용하는 것으로 해석된다. 하여 슬픔
의 여인이라 했던 것이다. 관음보살이야말로 불교계의 성모 마리아로 비
유될 수 있다. 관음보살을 "대비관음大悲觀音"과 "비모관음悲母觀音"이라고
하는 것을 보면, 이 보살이야말로 사람들의 슬픔과 가장 관련이 깊다. 물
론 큰 슬픔 즉 대비大悲 속에는 사람들의 슬픔을 함께 나누는 보살의 큰 자
비심이 들어 있다.

    관음보살은 과연 어느 정도의 인기를 누렸을까? 이는 특정한 경전에

수월관음도水月觀音圖
고려시대 14세기, 비단에 채색, 세로 100.5cm, 가로 52.5cm, 개인소장
수월관음도는 「대방광불화엄경」(입법계품)에 선재동자善財童子가 인도 남쪽 보타락가산에서 중생을 제도하던 관음보
살을 찾아가 가르침을 구하는 모습을 그린 것이다. 보살이 앉아 있는 바위 아래 물 위에는 산호와 연꽃이 표현되어 있
어서 이곳이 바닷가에 위치한 보타락가산 임을 알려 준다. 선재동자가 53존의 선지식을 찾아서 깨달음을 구하던 중 한
밤이 되어서야 보타락가산에 도착하여 관음보살을 만났음은 배경이 되는 달을 통해 알 수 있다. 관음보살의 뒤쪽에는
두 그루의 대나무가 서 있고 앞에는 투명한 수반 위에 버드나무 가지가 꽂힌 정병이 놓여 있다. 손엔 염주를 들고 있다.
의상대사의 낙산 설화에서도 대나무 두 그루와 수정 염주에 대한 기록이 있다. 탕후湯垕의 「고금화감古今畵鑑」에는 "고
려의 관음보살도는 매우 공교工巧하다. 이는 당나라 울지을승尉遲乙僧의 필의筆意에서 나와 섬세함이 지극하다"고 기
록하여 극찬하고 있다.

238

구애 받지 않고 여러 곳에서 이 보살의 이름이 확인되는 것으로만 봐도 그 분위기를 알아차릴 수가 있다. 『법화경』의 관세음보살보문품觀世音菩薩普門品에는 8난難[02]과 같은 여러 재난으로부터 사람들을 구제하기 위하여 서른 두 가지의 다른 모습으로 변신한다고 한다. 『관무량수경』에서는 서방극락정토에서 아미타불을 모시는 보살로서 극락정토에 왕생하는 망자의 영혼을 맞이하는 역할을 한다. 그리고 『화엄경』의 입법계품入法界品에는 선재동자善財童子가 만나는 쉰세 분의 선지식善知識 가운데 한 분으로 출현한다. 이렇게 사람들이 가장 많이 읽는 세가지 경전에서 관음보살이 모두 등장할 만큼 인기가 높다. 관음보살은 『법화경』에서 현세적인 역할을, 『관무량수경』에서는 내세적인 역할을 하는 등 생사를 넘나들면서 맹활약을 펼치는 보살이다.

『법화경』[관세음보살보문품]에는 재난으로부터 구제를 어떻게 받는지 구체적으로 묘사되어 있다.

만일 중생들이 관음보살의 이름을 부르면, 그가 혹여 불구덩이에 떨어지더라도 타지 않을 것이며, 깊은 물에 빠지더라도 얕은 곳으로 인도될 것이며, 바다에서 폭풍을 만나더라도 구제될 것이다. 만일 사람이 칼과 막대기를 든 사람에게 해를 입으려 할 때 그 이름을 부르면, 무기가 부러져 위협으로부터 벗어날 수 있을 것이다.

이 외에 과거에 현실적으로 일어날 수 있는 일들 – 비록 요즘 상황과

---

02 팔난이란 스승의 지도력 부재로 인한 장애(장위난長爲難), 동료와 가족, 이웃의 불협화음으로 인한 장애(동위난同爲難), 갈등으로 인한 장애(심위난心爲難), 하는 일마다 주위 사람에게 욕만 먹는 장애(덕위난德爲難), 경제적인 어려움을 겪는 장애(복위난福爲難), 친구가 없어 외로움을 느끼는 장애(우위난友爲難), 육체적으로 불편함을 느끼는 장애(신위난身爲難), 마음과 육신의 고통이 많은 장애(고위난苦爲難)를 말한다.

는 다소 거리가 있는 내용들이지만-, 즉 산에서 도적을 만났을 때 무사히 그 위험으로부터 벗어날 수 있게 하거나, 여성이 자식을 못 낳을 때 아들을 낳게 해 주는 일들이 구체적으로 묘사되어 있다. 사람들이 처한 상황에 따라 관음보살은 붓다, 비구, 비구니, 부녀자, 천룡팔부 등 32가지의 모습으로 변신하여 그들의 현실적인 바람을 해결해 준다.

이러한 장면을 가장 다이나믹하게 그린 것이 관세음보살삼십이응신도觀世音菩薩三十二應身圖다. 교토京都 지온인知恩院 소장의 이 그림은 『법화경』과 『능엄경楞嚴經』의 내용을 표현한 것이다. 응신(변신)은 관음보살의 신통력이 끝이 없어 상황에 따라 몸을 자유자재로 변신하여 사람들 앞에 나타나는 것을 말한다. 원래 이 그림은 조선시대 1550년(명종 5)에 인종仁宗(1544~1545 재위) 비인 공의왕대비恭懿王大妃(인성왕후 1514~1577)가 인종의 명복을 빌기 위하여 이자실李自實로 하여금 관세음보살삼십이응신탱應身幀을 그리게 하여 전라남도 영광 월출산月出山 도갑사道岬寺 금당에 봉안한 것이다. 그림 중앙 위쪽에 보타락가산Potalaka(補陀洛伽山)[03]에 윤왕좌輪王坐로 비스듬히 앉아 있는 관음보살과 버드나무 가지가 꽂힌 정병, 대나무가 표현되어 있다. 그 아래로 관음보살이 응신한 모습과 공덕의 내용이 기록되어 있다. 16세기 조선시대 산수화에 보이는 중국 북송 이곽파李郭派의 해조묘蟹爪描, 명대 절파浙派의 명암 대비 등 여러 가지 회화기법이 구사된 불화다.

---

03 보타락가산은 인도 남해안에 있는 팔각형의 산이다. "보달낙가산補呾洛迦山", "포달낙가산布呾洛迦山", "보타낙산補陀洛山", "보타산普陀山"으로 음차되며, "광명산光明山", "백화산白華山", "해안고절처海岸孤絶處" 등으로 번역된다.

교토京都 지온인知恩院 소장 관음삼십이응신도 觀音三十二應身圖
조선시대 1550년, 비단에 채색, 세로 235cm, 가로 135cm

비단 2폭을 연결하여 제작한 화면에 그린 것으로 왼쪽 위와 오른쪽 아래에 조성 배경을 알려주는 주색朱色과 금자金字로 쓴 화기가 있다. "관세음보살삼십이응탱觀世音菩薩三十二應幀"이라는 화제가 있어서 『화엄경』과 관련되는 것으로 생각된다. 그러나 실제 확인되는 응화신의 장면은 30가지로, 구제 장면과 내용이 『법화경』「관세음보살보문품」의 33응신 내용과 관련되는 것이 특징이다. 조선시대 1550년(명종 5), 인종仁宗의 비 인성왕후仁聖王后(1514~1578)에 의해 인종의 명복과 극락왕생을 위해 이자실李自實에게 그리게 하여 전라남도 영암 월출산 도갑사道岬寺 금당에 봉안한 것이다. 계곡마다 표현된 관음보살의 응신 장면과 금으로 쓴 화기와 붓다의 은덕을 찬양하는 게송(장행長行)이 적혀 있다. 이 불화는 조선시대 1545년부터 섭정하면서 보우국사普雨國師(1509~1565)와 함께 불교 중흥에 노력한 문정왕후 발원의 불화에 보이는 전형적인 여래상의 모습을 갖추고 있다. 즉 뾰족한 육계와 콧등을 그린 뒤 양옆에 덧붙인 듯한 콧방울, 콧등의 폭보다 작은 입 등이 그것이다.

241

우리나라 절에는 관음전觀音殿과 원통전圓通殿에서 관음보살을 만날 수 있다. 관음보살상 양옆에는 남순동자南巡童子[선재동자]와 해상용왕海上龍王이 모셔져 있다. 원통은 여러 보살 가운데 석가모니 붓다의 말씀을 가장 완벽하게 깨달은 관음보살을 원통대사圓通大士라고 한 데서 유래되었다.

순천 송광사 관음전
1903년

순천 송광사 목조관음보살좌상
조선시대 1662년, 92.3cm

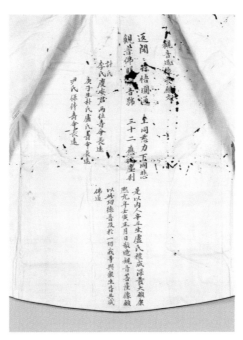

순천 송광사 관음전 목조관음보살좌상 관음조상발원문 부분
조선시대 1662년

낙산사 바닷가 전경

　한편 강원도 양양의 동해안에는 낙산사洛山寺가 있다. 의상義湘대사가
이곳 바닷가 굴 속에서 관음보살의 진신이 산다는 말을 듣고, 낙산이라고
하였다. 낙산은 관음보살이 있는 인도 남해안의 보타락가산에서 따온 이
름이다. 중국 동쪽 바다에 있는 저장성浙江省 푸퉈산普陀山도 그 이름에서
비롯되었듯이 말이다.

　『삼국유사』에 의하면, 7세기 후반에 당나라 유학을 마치고 돌아온 의
상대사가 이곳에 머물며 수행했다고 한다. 그런 지 칠일 째가 되던 날, 불
법佛法을 수호하는 천신들이 대사를 굴 속으로 안내한다. 대사는 굴 속에서
공중을 향해 예를 올린다. 그러자 수정 염주 한 꾸러미가 그의 앞에 떨어진
다. 대사가 그것을 받아 공손히 물러나는데, 이번에는 동해의 용이 나타나

서 여의주 한 개를 준다. 대사는 수정 염주와 여의주를 소중히 받아들고 다시 칠일 동안 수행하였다. 그리고 다시 굴 안으로 들어가자 비로소 관음보살이 참모습을 드러내며 말했다.

이 자리 위 산꼭대기에 대나무 한 쌍이 솟아날 것이다
그곳에 불전을 짓도록 하여라

대사가 굴속에서 나와 보니 과연 대나무 한 쌍이 솟아 나와 있었다. 그 자리에 금당을 지어 관음상을 모셨다. 자신이 받은 구슬 두 개도 금당에 봉안하고 떠났다.

낙산사 아래 동해 바다의 험준하고 독특한 절벽을 본 사람들은 이곳이 영락없는 인도의 보타락가산이 아닐까하고 착각하게 된다. 지금 그곳에는 수월관음보살도, 수정 염주도 남아 있지 않지만 낙산사가 관음도량임을 증명이라도 하듯이 백의관음보살상[04]이 우뚝 서서 또 다른 선재동자 善財童子를 기다리고 있다. 관음보살이 의상대사를 기다렸듯이 말이다.

---

04 백의관음보살은 고려후기부터 유행하였다. 고려시대 혜영惠永(1228~1294)의 『백의해白衣解』에는 "백의관음보살에게 10악업을 참회하며 무량수국에 왕생하기를 바란다"는 기록이 있다. 백의관음이 무량수국(서방극락정토) 왕생과 관련된다는 점에서 의상대사의 설화에 나오는 보타락가산의 수월관음보살과는 그 성격이 좀 다르다고 볼 수 있다.

고려불화와 조선불화

❖ 고려불화 제작

1. 밑그림의 기본이 되는 초본은 누름나무나 수양버들나무를 태워서 만든 목탄으로 그린다. 초본을 위한 투명 유지는 콩가루를 짜서 나온 기름을 화선지 위에 여러 번 발라 만든다.

2. 밑그림의 초를 뜨는 방법은 초본을 밑에 대고 비추어 하거나 초본을 직접 배접하는 방법을 쓴다.

3. 비단 바탕을 아교포수해서 먹선을 그은 후 채색을 입힌다.

4. 비단 뒤쪽에서 먼저 채색하는 배채법(복채법伏彩法)을 사용한다. 이 배채법으로 전체 공정의 약 70% 정도 진행하며, 전채(앞면 채색)는 30% 정도의 공정을 차지한다.

5. 앞면에 채색을 입힐 때, 하나의 색을 칠한 후 다음 색을 덧칠해 은은한 느낌을 준다. 채색할 땐 광물성 안료를 사용하는데, 기본색으로 붉은색(수은주水銀珠), 녹청색(공작석孔雀石), 군청색(남동관藍銅鑛), 흰색(백토白土, 연백鉛白), 황색(황토), 분홍색(주구朱具, 단丹) 등이 있다.

6. 금박이 아닌 금니만 사용한다.

❖ 고려불화 특징

1. 현존하는 고려불화는 대략 160점이다. 고려시대 후기에는 세로 1m, 가로 40~60cm 정도의 소규모 불화가 많이 제작되었는데, 작은 불화 여러 점을 걸어 놓고 하던 불교 의식과 관련된다. 화기는 특별히 정해진 곳이 없이 적당한 위치에 금으로 쓴다.

2. 불화의 화면은 상하 2단 구도로, 상단에는 불상을, 하단에는 대좌를 중심으로 협시상을 배치한다. 불상은 협시상에 비해 상당히 큰 편이다. 그러나 수월관음도, 아미타불내영도, 나한도 등은 구도가 비교적 자유롭다.

3. 법의에 그려진 촘촘한 무늬는 후기로 갈수록 형식화된다.

4. 고려 말인 14세기 전반이 되면, 얼굴의 윤곽선은 절제된 편으로, 바림(하이라이트) 기법으로 표현하였으며, 사라(베일) 문양은 모호하다.

5. 14세기 후반의 불화는 얼굴에 윤곽선을 사용하지만 점점 산만해진다. 얼굴은 늘어진 모습이며, 사라 문양은 점점 선명해 진다.

6. 고려불화의 법의 문양은 원형(○) 구획 속에 당초문과 국화문을 그려 넣은 모습이며, 치마 문양은 육각형의 거북 등껍질 문양을 기본으로 하고 치마 끝부분에는 금으로 보상화당초문을 그려 넣는다. 한편 중국 불화의 사라(베일) 장식은 마름모(◇)구획 속에 9개의 점을 찍어서 문양을 나타낸다.

7. 고려불화는 비단 그림(견화)으로, 채색을 입힌 다음 그 위에 다른 채색을 칠하여 중성색이지만 비교적 맑고 경쾌한 느낌을 준다. 이는 안료의 입자가 가늘고 부드러울 뿐만아니라 최소한 3번 이상 덧칠하기 때문이다.

8. 13세기 후반 몽고간섭기엔 원나라 복식이 나타난다.

❖ 조선불화 제작

1. 비단, 모시, 삼베가 사용되며, 19세기엔 면도 사용된다. 한 폭의 불화에서도 죽림사竹林寺 괘불도 처럼 불상 부분에만 비단을, 나머지 부분엔 모시를 사용하기도 한다.

2. 비단에 그려진 궁중 불화에는 고려불화처럼 배채법(복채법)이 사용되지만, 모시와 삼베는 배채 효 과가 나지 않기 때문에 하지 않는다. 배채법은 17세기 칠장사七長寺 불화의 불상 부분에서 보듯이 17세기까지 사용된다.

3. 대규모 불화는 배접 후에 그리는데, 괘불은 20겹, 작은 불화는 3겹 배접을 한다.

4. 안료는 석채를 사용하고 접착제로 아교를, 금박 접착제로 어교를 사용한다.

5. 임진왜란 후엔 화견畵絹이 아닌 일반 비단을 사용한 예도 확인된다.

6. 석채를 올릴 때 바탕재에 가까울수록 입자(입도)가 작은 것을 올리고 점점 큰 것을 올린다.

7. 화기는 불화의 아래쪽 중앙이나 좌우의 붉은 바탕에 먹으로 쓴다.

❖ 조선불화 특징

1. 고려시대 예불화의 2단 구도가 깨지면서 협시상들이 주존의 어깨까지 올라오거나 조선시대 16세 기부터 감싸는 구도로 바뀐다. 고려시대 2단 구도 불화에서 협시보살상보다 주존인 불상이 상당 히 크게 표현되었다면, 조선시대에는 주존과 협시상의 크기가 별반 차이가 없다. 또한 권속眷屬의 숫자가 많아지면서 자연스럽게 협시상의 크기가 작아진다.

2. 18세기 불화에서는 적색과 녹색이 조화를 이루지만, 19세기에는 채색이 전반적으로 어둡고 무거운 느 낌이 난다. 19세기 말부터는 호분을 섞은 청색을 사용하여 맑은 청색이 아니라 탁한 청색이 나타난다.

3. 조선후기가 되면 처음부터 여러 색을 혼합하여 사용하기 때문에 탁하고 무거운 느낌을 준다. 또 한 안료의 입자가 굵고 진한 것도 그 이유가 된다. 즉 같은 석청이라도 입자(입도)가 굵을 땐 색이 진하고 입자가 가늘 땐 연하다.

4. 조선 전기인 15~16세기까지 염색천(염색에 사용되는 염액은 오리나무열매를 사용)을 사용하고 조선 후 기에는 삼베에 채색을 두껍게 올리기 때문에 염색천을 사용하지 않는다.

5. 흰색 성분 중 호분(조개 껍질)은 일제 강점기부터 사용되며, 그 전에는 연백이 사용된다.

6. 명나라 태조가 1370년 고려에 복식을 보내온 후에는 명나라 복식이 나타난다.

❖ 화기는 불화의 명칭, 봉안한 사찰, 발원 내용, 시주자, 화원, 공양주 등을 기록한 것이다.

1. 연화질緣化秩 : 불화나 불상을 조성하는데 참여한 사중寺中의 사람 명단

　증명證明 : 불상과 불화 제작의 총책임자로, 경전의 법식에 따라 잘 조성되었는지를 감독함

　송주誦呪 : 불상과 불화를 조성할 때 다라니를 암송함

　지전持殿 : 법당을 청소하고 등과 향을 공양함

　공양供養(供司) : 불상과 불화를 조성할 때 필요한 여러가지 물건을 제공함

　화주化主 : 불상과 불화 제작에 필요한 비용 일체를 담당함

　화원畵員 : 불상과 불화를 조성한 승려

2. 시주질施主秩: 불상과 불화 조성 경비를 시주한 사람 명단

　양주兩主(부부), 건명乾命(남성), 곤명坤命(여성)

여행을 마치며

절에서 먹는 음식 중에는 콩과 관련된 것이 많다. 어느 겨울, 눈 내린 산사에서 먹던 된장찌개는 지금도 그 맛을 잊을 수가 없다. 따뜻한 방바닥에 앉아 살짝 열린 문틈 사이로 보이는 눈 덮인 겨울의 정취를 감상하며 먹는 즐거움을 다시 즐길 수 있을까 싶을 정도였다. 그 된장찌개 안에 담긴 두부를 보며, 문득 어떤 콩으로 이렇게 맛있는 두부를 만들었을까하는 생각이 들었다. 생각은 생각을 낳고, 다시 그 생각이 또 다른 생각을 물어 이내 붓다를 향한 물음으로까지 이어졌다.

이 두부는 왜 이렇게 맛있는 걸까. 된장 맛이 좋아서 그럴까. 이 두부로 마파두부를 만들어도 맛있을까. 된장찌개와 두부로 변신한 콩은 또 어떤 콩일까. 노란 콩일까, 하얀 콩일까 아니면 요즘 사람들이 즐겨 먹는 검은 콩일까. 노란 콩이든 하얀 콩이든 검은 콩이든 이 찌개와 두부가 맛있는 까닭은 겨울이라는 정취와 눈 덮인 산사의 아름다움이 함께 녹아 있기 때문은 아닐까. 인도와 중국 사람들은 이 땅의 겨울 산사가 주는 이런 고즈넉한 분위기를 알고 나 있을까. 석가모니 붓다의 모습에도 이런 콩의 미학이 담겨 있을까. 우리 불교미술에 나타난 석가모니 붓다의 모습은 노란색일까, 하얀색일까, 아니면 검은색일까.

이런 질문이 이 책을 쓰게 된 동기다. 선재동자가 진리를 구하기 위해 길을 떠났듯이 나도 그렇게 우리 불교미술에 나타난 석가모니 붓다의 모습이 어떠했는지 알고자 떠났다. 그것이 노란색인지 하얀색인지 검은색인지 알고 싶었다.

석가모니 붓다의 모습은 상相으로 표현된다. 상은 회화와 조각을 망라한다. 상은 체體에서 비롯되는데, 체란 곧 석가모니 붓다의 전생과 일생, 또 그 분이 하신 말씀을 뜻한다. 이런 것들을 조형화할 때 비로소 상이 되는 것이다. 그리고 체와 상의 역할, 즉 쓰임새가 용用이다. 된장찌개든 두부든 그것이 콩으로 만들어지므로, 그 콩의 참 모습이 체라면, 노란 콩, 하얀 콩, 검은 콩은 상이며, 콩을 써서 만든 두부와 된장지깨는 용인 것이다. 다시 말해 콩 자체가 석가모니 붓다의 참 모습이라면, 콩의 여러 색깔은 석가모니 붓다를 표현한 불상과 불화이고, 두부와 된장찌개는 불상과 불화가 사람들에게 전하고자 하는 메세지인 것이다.

나는 우리 문화를 이해하는 여러 길잡이 중에서 불교만큼 중요한 것이 없다고 생각한다. 불교는 오랜 세월 동안 우리 민족의 삶을 채색해 왔다. 불교를 이해하지 않고서는 우리 문화를 온전히 알 수가 없다. 이것이 우리 문화를 이해하기 위해 불교미술을 들여다봐야 하는 이유이기도 하다. 그리고 내가 우리 문화 속에서 숨 쉬고 있는 석가모니 붓다의 여러 자취를 보고 싶었던 이유이기도 하다.

나는 석가모니 붓다의 탄생부터 열반에 이르는 역사적 과정이 우리의 문화적 숨결 속에 어떻게 되살아났는지, 또 우리 선조들의 구도적 열망과 세속적 소망들이 불교미술에 어떻게 반영되었는지 추적하고자 하였다. 이런 과정 속에서 한편으로는 우리 문화의 특수성을 이해하고자 하였고, 다른 한편으로는 우리 문화 속에서 숨 쉬고 있는 석가모니 붓다의 참된 가르침을 확인하고 싶었다.

요즘 절에 가면, 석가모니 붓다가 모셔진 대웅전보다 또 다른 붓다인 아미타불이나 관음보살, 지장보살을 모신 극락전과 관음전, 지장전이 인기 있는 것을 볼 수 있다. 이는 많은 사람들이 세속적인 이익과 내세에 대한 불안으로 인해 석가모니 붓다보다는 아미타불이나 관음보살, 지장보살을 믿는 것이 보다 효과적이라고 여기기 때문이다. 하지만 이들 역시 석가모니 붓다의 또 다른 모습이라는 점 또한 분명하다. 상相과 용用의 차이에도 불구하고 체體는 동일하기 때문이다.

산을 오르다 보면, 턱까지 숨이 차고, 높아만 보이던 하늘도 마침내 저 앞의 소나무 가지 사이로 낮게 내려와 앉는 순간을 만나게 된다. 그렇게 거친 숨을 몰아쉬고 능선을 따라 올라서면 한편으로는 저 멀리 펼쳐진 아름다운 산하와 다른 한편으로는 다시 올라가야 하는 또 다른 능선을 만나게 된다. 석가모니 붓다의 참 모습을 찾고, 그 모습이 우리 산하의 무늬 속에서 어떻게 되살아났는지를 찾는 길도 마찬가지다.

십여년 전, 세상은 연꽃 속에 있다는 붓다의 말씀(체)이 어떻게 우리나라에서 상(불교미술)으로 표현되어 사람들에게 가르침(용)을 주었는지 책으로 엮은 적이 있다. 그 때는 우리 산하에 스며 있는 붓다의 체·상·용을 다 찾았다고 생각했는데 그저 그것이 내가 오른 작은 산에 불과했다는 것을 이제야 느끼게 된다. 올라 서 보니 다시 또다른 불교미술이라는 산의 능선이 눈에 들어 오기 때문이다. 이 책에서 붓다의 참 모습을 찾고자 하는 내 바람 역시 하나의 집착일지도 모른다. 석가모니 붓다는 바로 그런 집착을 버리라고 하였는데….

2019년 정월
배 재 호

감사의 글

같은 미술사학자의 길을 걷고 계신 박선경 용인대 총장님, 학교 동료인 김길식 교수님, 김수기 교수님, 박지선 교수님, 이강진 교수님, 귀한 자료를 제공해 주신 각초스님, 고경스님, 덕문스님, 법등스님, 성효스님, 지강스님, 한북스님, 해운스님, 안제리나 수녀님, 최인선 교수님(순천대), 엄기표 교수님(단국대), 손영문 선생님(문화재청), 정제규 선생님(문화재청), 김민규 박사(동국대), 이재혁 선생님(국립경주문화재연구소), 자료 정리를 도와준 용인대박물관의 김세영 군, 원승현 군, 김수지 양 등 모두에게 감사하는 마음입니다. 아울러 책 출간을 위해 노력해 주신 도서출판 종이와 나무의 한정희 대표님, 김환기 이사님, 박수진 선생님께 고마움을 전합니다.

나의
불교미술
이야기

초판 1쇄 인쇄 | 2019년 1월 21일
초판 1쇄 발행 | 2019년 1월 31일

지은이 | 배재호

발행인 | 한정희
발행처 | 종이와나무
출판신고 | 2015년 12월 21일 제406-2007-000158호
주소 | 경기도 파주시 회동길 445-1 경인빌딩 B동 4층
전화 | 031-955-9300   팩스 | 031-955-9310
홈페이지 | http://www.kyunginp.co.kr

ISBN | 979-11-88293-06-3 03220
값 | 18,000원

종이와나무는 경인문화사의 자매 브랜드입니다.